移动互联时代大数据对供应链整合营销的影响研究

郭慧馨 葛 健 著

中国财富出版社

图书在版编目（CIP）数据

移动互联时代大数据对供应链整合营销的影响研究／郭慧馨，葛健著．—北京：中国财富出版社，2020.6

ISBN 978－7－5047－6934－3

Ⅰ.①移…　Ⅱ.①郭…　②葛…　Ⅲ.①网络营销—研究　Ⅳ.①F713.365.2

中国版本图书馆 CIP 数据核字（2019）第 110250 号

策划编辑 郑欣怡　**责任编辑** 邢有涛　郭小草
责任印制 梁　凡　**责任校对** 杨小静　**责任发行** 敬　东

出版发行 中国财富出版社
社　　址 北京市丰台区南四环西路 188 号 5 区 20 楼　**邮政编码** 100070
电　　话 010－52227588 转 2098（发行部）　010－52227588 转 321（总编室）
010－52227588 转 100（读者服务部）　010－52227588 转 305（质检部）
网　　址 http://www.cfpress.com.cn
经　　销 新华书店
印　　刷 北京京都六环印刷厂
书　　号 ISBN 978－7－5047－6934－3/F·3157
开　　本 710mm×1000mm　1/16　**版　　次** 2020 年 6 月第 1 版
印　　张 12.25　**印　　次** 2020 年 6 月第 1 次印刷
字　　数 213 千字　**定　　价** 62.00 元

前　言

当今正处于互联网时代的大数据阶段，移动互联网获得了良好的发展机遇，并且对传统的贸易模式产生了深刻的冲击，带来了生产与物流方式的深刻变革，用信息流对供应链进行全程管理，实现了以信息流监控为特征的新型供应链管理业态，实现了企业产供销一体化整合，这是新时代营销的新模式。

移动互联网是对复杂供应链网络各环节的企业进行物流信息的集成、沟通、交互、反馈，以信息流监控实物流、资金流，从而实现各类物流资源整合利用的“节点—网络”系统。该系统集成了电子商务的多种模式，特别是大数据技术应用模式，是网络经济与物流产业相结合的产物。本书在移动互联网和大数据产生的技术与经济背景剖析基础上，研究了网络时代企业组织结构的调整，深入研究了移动互联网商业模式的搭建及其网络商业模式以及一体化的供应链对企业经营方式的调整。研究了价值链物流中心的供应链组织、变革与优化，以物流为核心的多主体、网络化虚拟企业建构，企业功能交换市场建构以及虚拟物流中心矩阵型供应链的整体建构。在交易成本理论、中间商理论分析基础上，构建了以市场营销为导向的物流中心供应链，形成了价值链增值作用的决策目标模型以及中心价值增值的理论模型，阐明了其价值来源的机理，深入分析了大数据技术下的整合营销所造就的价值增值作用；论证了虚拟物流中心所达成的物流、商流、资金流与信息流的一体化，达成了物流信息系统的统一；信息流监控着物流、资金流的流动，管理着整个价值链的实现过程，从而完成了虚拟价值链的重新塑造，创造出新的价值。进一步论证了要想实现虚拟物流中心的价值增值必须与各个企业的供应链信息优化管理相结合并构建拓展客户信息管理系统。信息流监控供应链网络的整体运作，实现营销与物流的整合，是发展现代物流管理的一个崭新思路。

本书以问题为导向，从市场营销与电子商务的角度出发，首先对移动互联网技术和大数据技术支撑的企业物流与供应链管理进行研究，科学地分析了整合营销与一体化供应链创新模式及价值增值的作用，从学术上分析了大数据技术在企业的供应链组织、优化与市场营销的对接和价值链的整体建构方面的应用；其次建立了价值链重构及价值增值的相关模型，分析其内在运作机制；最后从实证角度，研究了平安保险公司移动互联网整合营销的对策思路，具有重要的理论意义与实践意义。

作　者

2019 年 3 月

目　录

第一章　移动互联网

移动互联网始于20世纪90年代中期，一直以来，国外移动互联网研究主要沿着六个方向进行。一是对移动互联网的基础理论研究，主要涉及对移动互联网的概述性研究，对未来发展方向、消费者行为、移动互联网商业战略及商业模型、相关法律和道德的研究等。Jen－Her Wu（吴仁和）、Shu－Ching Wang（王淑清）扩展了技术接受模型（TAM），并将其应用到移动互联网中。二是对无线网络基础设施的研究，主要涉及对无线、移动网络和网络要求的研究等。Jakobsson（雅各布森）对蓝牙通信安全性进行了研究。三是对移动中间件的研究，主要包括对Agent（代理）技术、数据库管理技术、安全技术、无线/移动通信组件以及无线和移动协议的研究等。Andrei Gurtov（古尔托夫）对主机标识协议（HIP）进行了一定的研究。四是对移动用户终端的研究，主要集中在两个方面，即硬件和软件。硬件方面主要是移动手持设备，集中在对移动终端的研究，如智能手机和掌上电脑（PDA）；软件方面主要是移动用户界面，即移动设备终端进行移动互联网应用时所使用的操作系统和界面。五是对移动互联网应用和案例的研究，主要包括对移动社交网络、移动金融、移动广告、移动库存管理、商品的搜索和购买、移动娱乐服务、移动游戏、移动办公和无线数据中心等多个领域内的应用和案例研究。David Kirkpatrick（大卫·柯克帕特里克）对以Facebook（脸书）为代表的移动社交网络产品进行了研究。六是对移动互联网商业模式的研究。2004年Alexander Osterwalder（亚历山大·奥斯特沃瓦德）博士提出了设计商业模式的“四支柱九要素”法，该方法被广泛地应用到移动互联网商业模式的设计领域中。

中国移动互联网开始于2000年，近年来发展迅速。在中国，移动互联网的相关学术研究主要沿着三个方向进行。一是移动互联网的概述性研究，主要包括移动互联网的特征、发展现状、发展趋势、影响因素等方面。李正茂提出的“聚合服务”构成了移动互联网产业链发展的主旋律，打造出一条“聚合生态链”，并颠覆传统的相关专业的模式，为企业开辟了新的蓝海。二是关于移动互联网具体业务应用的研究。廖军等指出了移动 Widget（微件）运营面临的问题是缺乏平台侧的相关标准、移动 Widget 跨终端移植、平台侧及终端侧接口和协议需要进行扩展。三是移动互联网关键技术研究。闵栋提出了基于 Mashup（聚合）的移动互联网业务架构，通过 Mashup 的技术促使移动网络和互联网在业务层面上的融合。

总的来说，移动互联网出现至今不到二十年，尚属于一个年轻的新生事物，国内外针对这方面的专门研究不多，研究深度不够，成果较少，尚未形成理论体系。具体而言存在以下三大问题：第一，关注微观细节，缺乏宏观把握。目前的研究重点往往放在移动互联网的具体业务应用上，缺乏对移动互联网总体系统的宏观把握。第二，侧重实践研究，缺乏理论高度。研究具体的实践操作较多，尚未上升到理论层面，相关理论支撑较为薄弱。第三，从消费者手机上网的行为角度出发，在系统深入地研究移动互联网商业模式搭建方面，基本处于空白状态，现有的一些研究成果只是进行了零散的、不成体系的简单论述。鉴于此，本书将在全面梳理移动互联网相关理论和研究成果，深入了解移动互联网相关商业模式的基础上，着力从消费者手机上网行为层面对移动互联网商业模式做全面系统的分类和研究，力争为移动互联网企业又好又快地发展提供理论借鉴和实践指导。

第一节　移动互联网的基本概念

移动互联网，从字面上理解就是互联网技术与移动通信技术的融合，通过各种便携式智能设备，包括智能手机、平板电脑等，实现不受位置限制的网络访问，随时随地获取信息和服务。移动互联网实现了无线通信的移动功能、传统计算功能以及互联网连通功能的直接融合。

尽管移动互联网是目前信息技术领域最热门的概念之一，但业界并未就其定义达成共识，这里介绍几种有代表性的移动互联网的定义。百度百科中指出，移动互联网（Mobile Internet，MI）是一种通过智能移动终端，采用移动无线通信方式获取业务和服务的新兴业态，包含终端、软件和应用三个层面，终端层包括智能手机、平板电脑、电子书等，软件层包括操作系统、中间件、数据库和安全软件等，应用层包括休闲娱乐类、工具媒体类、商务财经类等不同应用与服务。独立电信研究机构无线应用协议论坛认为，移动互联网是通过手机、掌上电脑或其他手持终端通过各种无线网络进行数据交换；信息技术论坛认为，移动互联网是指通过无线智能终端，如智能手机、平板电脑等使用互联网提供的应用和服务，包括电子邮件、电子商务、即时通信等，保证随时随地进行无缝连接的业务模式。

宋俊德（2012）从接入终端、网络通信系统和用户使用特征角度阐述了移动互联网的定义，认为移动互联网是指由蜂窝移动通信系统通过终端接入互联网，让用户不受时间、地点限制获取互联网上丰富的信息资源和应用服务。信息产业部电信研究院副总工程师余晓时从本质上对移动互联网的定义进行分析后提出，移动互联网是一种通过移动智能设备接入网络从而满足顾客需要的服务，它主要包括网络接入、网络服务及终端，如手机、平板电脑等。

王红梅（2011）认为移动互联网是以互联网协议技术为核心，在全国甚至全球范围内为用户提供语音、图像、视频等服务的新型开放的电信服务。简言之，就是可以让消费者在不断的位置变化当中使用移动设备，任意地访问网络，获取并交换信息，进行工作和娱乐等，它由网络、终端和应用三个基本要素组成。

任秀颖（2013）提出，对移动互联网最为通俗的解释为“移动通信 + 互联网”，然而，它并不是简单的两者相加，既包括了移动设备的随时随地随身性，也包括了互联网的相互分享的优势，作者更倾向于“移动互联网 = 移动 × 互联网”的定义。

颜艳春（2014）把移动互联网定义为互联网的高级阶段。相对于电脑终端的初级阶段，移动互联网既不是电脑终端的补充，也不是改良后的互联网，不是工具和技术而是主战场。

孙耀吾等（2014）提出移动互联网的本质功能是社交，她同时提出移动互联网的一些特征——碎片化、信息化、即时反应等。并提出移动互联网进入到了“中介化”“免费”的时代。

通过以上专家学者对移动互联网概念的研究可以看出，尽管各位专家对其含义阐述不尽相同，但其共同点都认为移动互联网是通过手持终端接入互联网，从而获取服务的。

中兴通讯从通信设备制造商的角度给出了移动互联网的定义：狭义的移动互联网是指用户能够通过手机、掌上电脑或其他手持终端通过无线通信网络接入互联网；广义的定义是指用户能够通过手机、掌上电脑或其他手持终端以无线的方式通过各种网络来接入互联网。可以看到，对于通信设备制造商来说，网络是移动互联网的主要切入点。MBA 智库同样认为移动互联网的定义有广义和狭义之分。广义的移动互联网是指用户可以使用手机、笔记本电脑等移动终端通过协议接入互联网，狭义的移动互联网则是指用户使用手机终端通过无线通信的方式访问采用 WAP（无线应用协议）的网站。认可度比较高的是中国工业和信息化部电信研究院在 2011 年的《移动互联网白皮书》中给出的定义，即“移动互联网是以移动网络作为接入网络的互联网及服务，包括三个要素：移动终端、移动网络和应用服务。”该定义将移动互联网涉及的内容主要分为以下三个层面。

(1) 移动终端，包括手机、专用移动互联网终端和数据卡方式的便携电脑。

(2) 移动通信网络接入，包括 2G（第二代移动通信网络）、3G（第三代移动通信网络）、4G（第四代移动通信网络）及 5G（第五代移动通信网络）等。

(3) 公众互联网服务，包括 Web（全球广域网）、WAP 方式。

移动终端是移动互联网的前提，接入网络是移动互联网的基础，而应用服务则成为移动互联网的核心。上述定义给出了移动互联网两方面的含义，一方面，移动互联网是移动通信网络与互联网的融合，用户以移动终端接入无线移动通信网络的方式访问互联网；另一方面，移动互联网还产生了大量新型的应用，这些应用与终端的可移动、可定位和随身携带等特性相结合，为用户提供个性化的、位置相关的服务。

根据“著云台”的分析师团队对移动互联网的定义，移动互联网是指互联网技术、平台、商业模式和应用与移动通信技术相结合并实践的活动总称。移动互联网是智能移动终端设备以及通过移动无线通信方式获取信息和服务的新兴网络服务，它包含移动终端、终端智能软件和终端应用程序三个层面。移动终端包括平板电脑、智能手机、阅读设备等；终端智能软件包括操作系统、中间件、数据库和安全软件等；终端应用程序是指在智能终端操作系统的基础上开发出来的应用程序，包括社交娱乐类、日常工具类、多媒体类、商务财经类等程序。

综合以上观点，移动互联网是指以各种类型的移动终端作为接入设备，使用各种移动网络作为接入网络，从而实现包括传统移动通信、传统互联网及其各种融合创新服务的新型业务模式。

正是由于移动互联网在终端和网络技术上的进步，以及消费者在需求上的不断丰富和升级，带来了整个移动互联网内容应用的创新和繁荣，而这背后正是移动互联网产业链的变革和商业模式的创新为产业发展带来了强有力的支持，移动互联网本身也正逐步发展成为一种新的商业生态系统。

第二节 移动互联网的基本特征

总体来说，移动互联网具有个性化、碎片化、多样化、便捷化、隐私性等特征。桌面互联网、移动互联网、移动通信网的特性如图 1－1 所示。

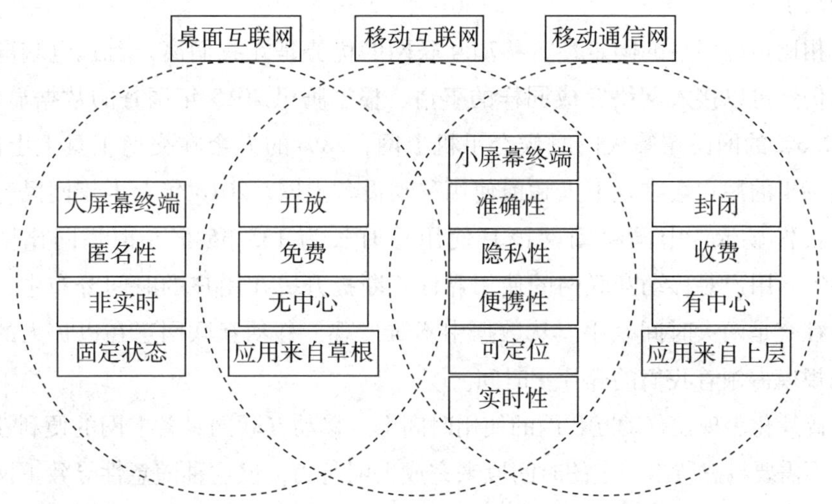

图 1－1 桌面互联网、移动互联网、移动通信网特性

一、个性化

与移动互联网产品的多样化相比，移动互联网服务则是个性化的。从移动终端的角度看，客户将个人信息与移动终端绑定在一起，而且其选择的应用和服务都具有鲜明的个人特征。从移动互联网用户的角度看，对于移动互联网提供的各类移动应用程序、软件及服务等，用户都可以完全按照自己的意愿与需求进行挑选，从而满足用户的个性化需求。

从网络的角度来看，客户如果需要访问信息，就需要寻找就近的网络环境并接入。提供移动网络服务的服务商就可以获取并实时跟踪和分析客户的行为和需求，做出应对措施。从应用及服务的角度来说，每个用户使用的移动终端不同，登录账号等也就不同，服务器可以根据监测到的具体用户信息，有针对性地提供适合不同用户的应用或服务，如基于地理位置的信息服务等。

二、碎片化

碎片化是时下国内对传播语境的一种较为生动的说法。就其传播本质而言，是社会碎片化的体现。用户通过随时分享、随地定位、随身处理事务，无形当中整合了个人的碎片化时间，可以看到，无论在交通工具上还是在睡觉前，消费者都能自如享受互联网的服务，似乎整个生活的维度扩大了，时间变长了。

相比传统网络的固定性，移动互联网的优势是在我们离开台式电脑屏幕之后仍然可以接入网络完成同样的事情。根据腾讯 2015 年调查的数据显示，有 72.6% 的网民在等人的时候会手机上网，68% 的人会在交通工具上上网。超过一半的用户会在晚上入睡前使用移动设备上网。2018 年上半年网民行为分析报告显示，中国移动网民月使用总时长为 135.35 亿小时，同比增长 17.9%，用户对移动互联网的使用黏性不断提升。在用户的时间分布中，视频、社交是两大时间杀手。从数据中不难发现，移动互联网正在以惊人的速度和规模占领着我们的碎片化时间。

碎片化表现在移动互联网的使用时间上。移动互联网具备上网的便利性特点，不需要特意留出一定的时间段来完成上网行为，但这种随意性导致上网行为经常被打断，用户间断性地上网获取信息，利用碎片化的时间完成上网行为。

移动互联网访问的便利性提升了网络黏度，全时段的访问更使得网上商务相关的数据，如客户行为数据、客户评论数据等达到了爆发式的增长。

与电脑终端接入互联网相比，使用移动终端接入移动互联网呈现的典型特征就是时间利用的碎片化、网络资源获取的碎片化以及移动互联网用户体验的碎片化。在坐公交车的时候，即使是短暂的几分钟、十几分钟，大多乘客都会拿出手机看微博、聊微信、上论坛、看新闻、玩游戏等，这些都是时间的碎片化利用，也是间断性地获取网络碎片化资源，带来的是用户碎片化的体验。

碎片化体现在用户生活的各个方面，不仅体现在体验的碎片化上，还体现在搜索和消费行为的碎片化上。比如，用户往往需要及时搜索需要的信息，回家或者到办公室打开电脑搜索显然不现实，而移动互联网的搜索时间和内容就表现出碎片化。此外，购买行为也呈现明显的碎片化，已经不再是周末出去逛街集中采购了。移动互联网的出现减少了台式电脑反复开机的烦琐，当不需要处理大量事务的时候，移动设备几乎代替了台式电脑。

三、多样化

移动互联网多样化的特征主要是从移动互联网产品的角度考虑的。当今社会，移动互联网用户的需求呈多样化态势，这决定了移动互联网产品的多样化。为满足用户的多样化需求，移动互联网的应用产品系列越来越多、种类越来越丰富，例如各类视频软件、游戏娱乐软件、聊天软件、音乐软件、各类浏览器、社交网站、购物网站等，所有这些产品都满足了用户对移动互联网产品的多样化需求。

四、便捷化

移动互联网与桌面互联网相比，能够满足用户随时随地联网获取信息的需求，即移动互联网具有便携化特征。手机、平板电脑等移动终端与电脑相比，用户随身携带的时间要更长一些，而且使用的频率要更高一些，加之无线通信技术的保障，也就决定了移动用户可以随时随地与外界进行沟通交流以及获取资讯信息。正是移动互联网的高便携性，使其具有桌面互联网无法超越的优势。

移动互联网的基础网络是一张立体的网络，GPRS（通用分组无线业务）、3G、4G 和 WLAN（无线局域网）或 Wi－Fi（基于 IEEE 802.11 标准的无线局域网）构成的无缝覆盖，使得移动终端具有通过上述任何形式联通网络的特性；移动互联网的基本载体是移动终端。这些移动终端不仅是智能手机、平板电脑，还有可能是智能眼镜、手表、服装、饰品等。它们属于人体穿戴的一部分，随时随地都可使用。

在移动互联网时代，我们的生活被无缝连接。无论在地铁还是公交车上，只要有无线设备，原来无用的时间也就变得有用起来。无缝连接使用户的生活可以“分身有术”。一边收看电视节目一边刷微博，一边候机一边处理事务等，时间的交叠使时间得以充分利用，虽然一天还是只有 24 小时，但可以处理的事务却大大增加。

五、隐私性

移动终端设备的隐私性要求高于 PC（个人计算机）端。由于其移动性和便携性，移动互联网的信息受保护程度很高，分享数据的同时既要保证分享认证客户的有效性，更要保证用户信息的安全性。移动互联网时代，传统的公开透明的特点已经不再适合，用户无须将自己设备上的个人信息共享，从而确保了信息的安全性。

随着移动通信技术和终端软件层的快速发展，在未来近场通信技术、移动支付的支撑技术和移动通信技术标准等也会被规划到移动互联网大发展的范畴之内。然而，移动互联网在移动终端、接入网络、应用服务、安全与隐私保护等方面还面临着一系列的挑战。其基础理论与关键技术的研究对于国家信息产业整体发展具有重要的现实意义。

第三节　移动互联网新型业务模式

实现移动互联网服务需要同时具备移动终端、接入网络和运营商提供的业务三项基本条件，移动互联网与传统固定互联网相比，其优势主要包括实现了随时随地通信和服务的获取，具有安全、可靠的认证机制，能够及时获取用户及终端信息、业务端到端流程可控等；其劣势主要包括无线频谱资源的稀缺性、用户数据安全性和隐私性差、移动终端硬软件缺乏统一标准、业务互通性差等。

移动互联网弱化了原有互联网的优势，然而运营商受到了终端厂商和互联网公司的前后夹击，在计费模式、运营流程和协作模式等各方面面临挑战。同时，随着移动互联网的发展，通信产业已经形成了一种新型产业链。尽管目前通信运营商在该产业链中仍处于主导地位，但若其仍按照传统模式工作，将无法满足用户差异化和个性化需求，若无法实现定制服务，则其地位很可能会弱化通道的作用。该领域的主要研究包括如何设计合理的计费模式、研究高效的业务运营流程、研究不同厂商的协作模式、开发创新型的新业务等。

移动互联网业务是多种传统业务的综合体，而不是简单的互联网业务的延伸，因而产生了创新的技术与产品和商业模式。

（1）创新的技术与产品。通过手机摄像头扫描商品条码并进行比价搜索、重力感应器和陀螺仪确定日前的方向和位置等，内嵌在手机中的各种传感器能够帮助开发商开发出各种超越原有用户体验的产品。

（2）创新的商业模式。如“风靡全球的 App Store（苹果应用程序商店）+终端营销的商业”模式，以及将传统的位置服务与 SNS（社交网络服务）、游戏、广告等元素结合起来的应用系统等。

移动互联网与云计算、物联网或其他业务模式相融合。将现阶段流行的其他平台，如云计算、P2P（点对点网络借款）、物联网等与移动互联网进行有机融合，取长补短，将产生更大的能量。目前移动互联网面临终端计算能力匮乏、业务承载能力弱、互联互通成本高昂、服务质量受限等一系列问题，以低廉的价格提供按需定制服务的云计算，可以为解决上述问题提供一条可行途径。此外，物联网将用户端的触角延伸和扩展到了任何物品，实现了物物之间的信息交换和通信，若能将物联网与移动互联网技术进行融合，无疑可以进一步扩展移动互联网的应用领域，为移动互联网设计出更多创新型业务类型。同时，移动互联网及移动终端设备也是物联网实现智能控制的重要通道和关键构件。因此，物联网与移动互联网业务融合也必然是未来互联网发展的一大趋势。

在市场特征方面，徐超（2011）认为移动互联网不是一个统一的市场，这样产业链中某一方谁也不可能独占市场。商业模式的研究一定要考虑客户属性、业务形式、产业链参与者和市场特征。有研究者认为，产业联盟是移动互联网商业模式的核心。产业联盟承担起竞争规则制定者的角色，成为产业竞争格局的新主体，也是产业技术标准竞争的主导者。移动互联网商业运作模式可以分为以下 6 种：“终端＋服务”一体化商业模式、“软件服务化”商业模式、广告商业模式、电信与广电双网运营商业模式、FON（英国通讯公司）类商业模式、传统移动增值商业模式等。

一、“终端+服务”一体化商业模式

随着智能手机的普及，手机终端的网络化逐渐显现。终端从只能承载话音业务变成既能承载话音，又能传送数据、图片、视频等多媒体业务，并且可以连接互联网，进行收发邮件、移动办公、网上交易等，终端变成了多媒体信息收发的智能化信息终端。未来移动终端与应用的结合将非常紧密，“终端+业务”一体化模式成为未来移动互联网领域竞争的重要商业模式之一。以 iPhone（苹果手机）为例，其打造了一种“终端+服务”的理念，这不仅改变了传统游戏规则中终端制造企业只能通过制造终端来获取利润的固定模式，还通过前后向的整合将互联网体验完美移植至移动终端，iPhone 在应用开发方面与 Google（谷歌）结盟，在网络运营方面与 AT & T（美国电话电报公司）结盟。苹果提供了端到端的解决方案，不仅卖手机，而且卖方案，集成了内容和互联网应用服务。

二、“软件服务化”商业模式

未来移动互联网在数据、语音等方面的增值服务产业将更多需要通过软件厂商与运营商的合作方式来实现。随着移动互联网领域新进入者在多方面展开较量，软件平台与应用服务的结合也将成为竞争的新焦点。未来移动互联网业务的产业链合作模式中将诞生“软件+服务”的联合模式。目前网络服务中以微软和 Google 为成功代表，从微软提出“S+S（Software+Services，即软件+服务）”的战略来看，该战略发展的四大支柱是体验、交付、联盟、聚合。Google 的 Desktop（桌面）和 Amazon（亚马逊）的 AWS（业务流程管理平台）都是“软件+服务”的代表产品。由此可见，在移动互联网领域的产品及服务模式发展过程中，软件服务化将是一个趋势，以手机软件平台为核心的应用服务在产业中将会起到越来越重要的推动作用。

三、广告商业模式

根据艾瑞咨询 2018 年 8 月的调研数据显示，高收入、高学历集中的用户特点为手机广告价值的传播提供了可能。手机门户网站正因其终端的私人化、随身性、随地性以及新媒体特性，日益成为广告业看好的新营销渠道。据市场调研公司 Marketing Sherpa 公布的一份关于 10 万美元广告经费投放意向的实验性研究报告显示，在各类网络新兴广告形式中，无线广告的受选率最高，达9.6%，受访者（广告主）在拥有10万美元广告预算的情况下，与互联网各种新型广告形式相比，接近10%的广告主会投放无线广告。手机广告处于非常重要的战略地位。对于移动搜索和移动广告业务来说，移动运营商作为平台运营商基本不收取用户的使用费用，甚至还补贴费用，它主要通过向广告商收费来弥补这一损失，从而赢利。

四、电信与广电双网运营商业模式

电信和广电的双网结合无疑是移动互联网发展的一大商业模式。现行的手机电视采用的是CMMB（中国移动多媒体广播）网络标准，CMMB网络标准有着明显的优势，一是CMMB网络有大量丰富多彩的内容；二是CMMB网络的一些电视节目是免费的，有利于吸引用户。然而现阶段的CMMB网络只有下行通道，没有上行通道，还不能实现互动点播。因此，以后的发展方向是光电运营商与移动运营商进行合作，这样，既可以向用户提供大量内容资源，还可以实现用户的内容点播互动。双网合作不仅有利于满足用户的多样化与个性化需求，还有助于移动互联网产业的快速和良性发展，必将为3G业务的发展起到推动作用。

五、FON类商业模式

FON（英国通讯公司）类商业模式的基本原理是，如果用户愿意跟别人共享自己付费获得的无线网络接入点，就能够使用其他用户的接入点，从而形成一个覆盖相当可观的Wi-Fi。拥有连接宽带网络的无线网络路由器的人，只要在路由器中安装FON固件就可以加入FON网络。注册FON的用户叫作Fonero或Fonera（英国通讯公司用户）。如果在FON模式的基础上购买Femtocell（飞蜂窝）家庭基站，就形成了FON+Femtocell（英国通讯公司+飞蜂窝家用基站）的商业模式。那么我们登录移动互联网就可以绕过移动运营商。FON+Femtocell商业模式是一种全新的运营模式，目前欧美已有少数地区采用，中国也可能在未来推出类似的服务。目前比较相似的服务是上海连尚网络科技有限公司推出的Wi-Fi万能钥匙，该服务通过用户共享自己知道的公共网络密码，让其他用户进入该局域网后可以自动连接，为用户提供了便捷的上网通道。由于FON相关模式主要依赖市民的参与而非电信运营商，而且几乎是免费的，因此，如果采用 FON 相关模式，会对电信运营商产生强烈的冲击。

六、传统移动增值商业模式

在产业价值链中，与运营商关系最为密切的利益相关者是客户、SP/CP（服务提供商/内容提供商）、终端制造商和设备/软件提供商，其中，SP/CP 与运营商之间的竞合博弈关系仍将是移动互联网产业链中最重要的环节。在 3G 时代，应用与内容领域是移动互联网产业发展的焦点，移动运营商与 SP/CP 的竞合策略成败将关系移动互联网的繁荣。保证移动互联网的公平开放环境，为价值链成员提供合理的商业模式，是整个产业链竞合健康发展的重要前提。移动运营商应发挥产业链上的主导地位，加大对产业链的整合力度，通过与第三方合作来开发更加丰富的应用服务。只有引入新的外力，才可谋求更有利的态势，让运营商从原来的监管和规划转变成引导和支持，真正做到泛行业合作、清晰分配利益和对参与合作的不同伙伴进行准确的价值定位，这样才能使移动互联网产业进入一个新的发展阶段。

几乎所有的研究者都认为，3G 之后的移动互联网时代，移动运营商的“围墙花园”商业模式正在被打破。

七、电信运营商主导模式

电信运营商作为移动电子商务中主要的网络提供者和支撑者，主导的是“通道 + 平台”的商业模式。作为电信运营商，其在移动电子商务产业链中有着无人可及的优势。电信运营商处于信息传递的核心位置，拥有规模庞大的潜在用户，具备广泛的信息通道。电信运营商在主导移动电子商务方面也有着无法克服的劣势：不具备专业化运营团队，不具备电子商务运营的经验。这些劣势单凭运营商自身很难在短期内解决。针对移动电子商务的挑战，电信运营商可以充分利用自己的网络及技术优势，并凭借广大的用户群与产业链中的应用提供商及商户合作，利用应用提供商的运营经验，借助商户的丰富营销经验，进行创新，实现互惠共赢。

八、传统电子商务提供商主导模式

传统电子商务提供商主导的是“品牌 + 运营”的商业模式。在移动电子商务中，传统电子商务提供商的优势在于具备传统电子商务运营、管理经验，拥有商品渠道、仓储的储备实力，还具备多年以来在广大用户中形成的品牌形象。因此，传统电子商务提供商仅需将手机作为用户接入通道，即可为自身带来源源不断的客户和订单。目前，在市场上已经运营成熟的平台，包括淘宝网、当当网、Amazon（亚马逊）、Ebay（易贝）都属于此种商业模式。

传统电子商务提供商最大的劣势在于不掌控网络，仅把手机作为一个接入渠道，并未充分挖掘及发挥其巨大的潜力；同时受限于其原来的积累，不能主动进行创新，这显然无法满足移动电子商务中用户的多样需求。在未来移动电子商务的发展中，传统电子商务提供商若想走得更远，只有利用自己的运营经验、渠道及物流实力与电信运营商合作，各取所需，才能吸引更多用户为自己带来更多利益。

九、设备提供商主导模式

设备提供商（设备制造商）作为市场上的主要设备提供者（移动设备制造者），主导的是“设备+服务”的商业模式。目前以苹果公司（简称苹果）的 App Store 为代表。这种模式的优势在于为第三方软件的提供者提供了方便而又高效的软件销售平台，使得第三方软件的提供者参与其中的积极性空前高涨，满足了手机用户们对个性化软件的需求，从而使得手机软件业开始进入一个高速、良性发展的轨道。但这种模式的劣势在于设备制造商需要具备足够强的吸引力吸引用户使用设备，这种模式提供的商品仅限于虚拟商品，对于消费者的消费行为影响有限，很难大规模复制发展。目前，全球也仅有苹果公司使用此模式并获得成功，且很难复制。

十、应用提供商主导模式

一些应用提供商以新兴移动电子商务提供商的身份作为移动电子商务的主导者，利用各种新技术并结合各式各样的奇思妙想，提出完全区别于传统电子商务的创新应用，通过应用来吸引用户，引导用户的消费模式。在应用为王的时代，以应用创新为导向会吸引用户，这是此模式的优势所在。但此模式的劣势在于应用提供商自身的力量不够强大，很多应用创新还需要产业链中的电信运营商、设备制造商乃至传统电子商务提供商的商户来配合才能完成。应用提供商若想凭借创新应用在未来的移动电子商务中独领风骚，除了不断地进行创新之外，更需要与运营商、设备商等合作伙伴合作，才能推动更多的移动电子商务创新应用发展，谋求利益最大化。

第四节　移动互联网产业发展

一、移动互联网产业国外发展现状

早在20世纪末，移动通信的迅速发展就有取代固定通信之势。与此同时，互联网技术的完善和进步将信息时代不断向纵深推进。移动互联网就是在这样的背景下孕育、产生并发展起来的。移动互联网通过无线接入设备访问互联网，能够实现移动终端之间的数据交换，是计算机领域继大型机、小型机、个人电脑、桌面互联网之后的第5个技术发展。作为移动通信与传统互联网技术的有机融合体，移动互联网被视为未来网络发展的核心和最重要的趋势之一。统计数据显示，2017年全球移动互联网产业（包括终端、移动数据接入、移动互联网服务和网络设备）总收入约3.6万亿美元；移动用户数达72.5亿人，其中4G用户为14.6亿人；全球有66个国家开通了多达145个LTE（长期演进）商用网络；移动数据流量同比增长70%，每月达885 PB。移动互联网在最近5年呈现出高速发展态势，移动互联网流量已占到全球互联网流量的13%，移动互联网业务量呈现爆炸式增长。爱立信发布的《流量与市场数据报告》显示，目前传统话音业务所占比例几乎可以忽略不计，而未来移动互联网仍将保持长期快速发展。据Cisco（思科）调查，全球移动数据总量在2017年接近11艾字节/月。摩根士丹利前互联网分析师、KPCB（凯鹏华盈）风险投资公司合伙人Mary Meeker（玛丽·米克尔）在《2019年互联网趋势报告》中指出，2018年，中国移动互联网用户已达到8.2亿人，移动互联网数据流量同比增长189%。谷歌和苹果建立了当今全球移动互联网两大生态系统。移动智能终端操作系统的主导厂商包括苹果、谷歌和微软。目前移动互联网业务组织的主要形式是应用程序商店。应用程序商店改变了传统业务的组织和营销模式，基于移动应用商店的软件数目急剧增长。

截至2018年4月底，我国市场上监测到的移动应用为414万款。2018年

4 月，我国第三方应用商店与苹果应用商店中新上架 14 万款移动应用。截至 2018 年 4 月底，我国本土第三方应用商店移动应用数量超过 231 万款，苹果商店（中国区）移动应用数量超过 183 万款。尽管移动互联网业务的发展如此迅猛，摩根士丹利的调查报告指出，其目前仍处于移动互联网发展的初级阶段。移动互联网的大规模发展和应用还需解决无线接入、切换与路由、资源管理，服务质量保证，网络安全等诸多技术问题。

目前，移动互联网领域面临的技术问题，尤其是网络融合问题已引起业界的广泛关注并提出了大量的相关解决方案。国内参与移动互联网有关问题研究的主要有清华大学、中国科技大学、香港城市大学、同济大学等。中华人民共和国工业和信息化部（简称工信部）成立了“新一代宽带无线移动通信网”国家科技重大专项实施管理办公室，并专门提出课题“无线局域网与蜂窝移动通信网络融合技术研究与验证”来开展有关移动互联网相关技术的攻关。就目前看来，在单项技术上已取得了不少突破，但还无法架构起一套完整的移动互联网整体解决方案。

截至 2018 年 12 月，网民规模达 8. 29 亿人，全年新增网民 5653 万人，互联网普及率为 59. 6%，较 2017 年年底提升 3. 8 个百分点。手机网民规模达 8. 17 亿人，全年新增手机网民 6433 万人。农村网民规模达 2. 22 亿人，占整体网民的 26. 7%，农村地区互联网普及率为 38. 4%，较 2017 年年底提升 3. 0 个百分点。可见，中国乃至全世界的移动性正在日益增长。

据研究机构 ADLittle 的报告指出，全球移动支付市场正处于蓬勃发展阶段，从国际上来看，近年来日韩的移动数据业务的发展比较快，已完全走在了欧美的前面，市场反应也比较好，进入了一个良性循环的阶段，成为全世界竞相学习的对象。日本的 I－mode 创造出了移动数据通信在世界范围内开展和经营最为成功的先例，并使日本在移动数据业务的发展上处于全球领先地位。韩国移动通信从某种意义上延续了光纤接入快速网络的成功，在移动游戏等增值业务领域走在了其他国家的前面。

（一）日本

日本是目前 W－CDMA（宽带码分多址）业务发展最成功的国家，拥有全球 62% 的用户，日本的移动商务收入已经高达 4 亿美元。

日本电报电话公司 I－mode 的用户已经突破 1300 万人，用户可通过它的服务连接世界上7000个互联网站。随着3G业务的推出，日本电报电话公司宣布将在未来的3年里投资1万亿日元来建设自己的网络。该公司以欧洲的W-CDMA为标准，建立了自己的3G业务品牌FOMA（自由移动的多媒体接入）。FOMA主要用于语音和高速数据通信，其核心是积极发展各种移动多媒体业务，使用户能在任何时间、任何地点与任何人连接，传递高质量的视频并提高声音的清晰度，使移动多媒体世界“尽在你的手掌中”。

因为日本的电信运营商加强与内容提供商的合作，即使是最受欢迎的网站也可允许这些内容提供商在主页上做离线广告。日本的支付方式采用预付模式，所以比较容易多获利。一方面，服务商可以通过用户收取和发送的数据来收取费用；另一方面，可从它们的收费方式中获得一定的利润。移动商务的应用范围包括机场自助检票、娱乐场所门票、交通支付等，可在手机上查看余额、银行转账以及通过移动网络进行充值等。目前有2万多个商家可接受移动支付。

（二）韩国

早在2001年，韩国的SK集团（以下简称SK）就通过与VISA（维萨）等信用卡机构合作推出了名为MONETA（墨涅塔）的移动支付业务品牌，凡持有MONETA多功能卡的用户，均可轻松使用信用卡、公共汽车卡及地铁卡等实现电子化支付。后来，SK通过将无线系统和有线系统进行整合，构建了多媒体互联网共用平台——NATE，使用户能够随时随地通过手机、PDA、车载电话和PC等终端设备进行信息沟通和交流。移动用户只要将具有信用卡功能的手机智能卡安装到手机上，就可以在商场用手机进行结算，在内置有红外线端口的ATM（自动取款机）上提取现金，在自动售货机上买饮料，还可以用手机支付地铁、出租车等交通费用，并且无须携带专门的信用卡，同样可以得到发票。

韩国3G运营一直走在世界的前列，不论是语音市场的增值业务如彩铃业务等，还是手机电视、手机音乐、手机游戏和手机定位等3G数据业务在韩国都发展得很好。2005年韩国移动数据收入为35.06亿美元，较2004年增长了31%，占移动通信总收入的19.9%。新兴的数据业务和增值业务对移动整体收入增长贡献率最大，增加了用户对业务的使用黏性。

（三）欧美

欧洲由于移动电话普及水平很高，正成为无线互联网最大的实验场。英国最大移动电话和互联网运营商 BTCell Net 已在现有 GSM（全球移动通信系统）网络上成功开发了 GPRS，实现了 GSM 手机用户上网。BTCell Net 的每个无线互联网用户平均每月的增值收入为 11 美元，每年因无线互联网增值的收入为 5000 万美元。沃达丰的移动数据新业务包括了电子邮件、图片短消息、铃声下载、网络游戏以及各种信息服务。瑞典移动电话运营商 Telia Mobile（特利亚移动通信）使用其业务平台提供手机上网服务，用户可以访问包括信息和交易在内的系列业务，如用移动电话购买机票等。美国德州仪器无线射频识别系统为商家提供了新的 RFID（射频识别）付费解决方案，从而给消费者提供更智能、更安全的服务，使客户在购买汽油、食品和其他商品时，无须使用现金或信用卡。只需在特定的付款机前晃动含有 RFID 感应器的移动电话或钥匙圈就可以购买商品。

二、移动互联网产业国内发展现状

经历了缓慢发展的起步阶段，中国移动互联网进入快速发展时期，移动互联网各种业务的使用和普及率逐步提高，并渐渐融入人们生活之中。尽管只有短短的十几年发展时间，中国移动互联网已具备了相当的规模。

（一）手机网民规模达到 3.5 亿人，保持增长态势

移动互联网发展的直接动力来自移动通信和互联网的发展与普及。互联网发展态势依旧迅猛。随着互联网的快速发展，人们足不出户便能了解世界的变化、查询自己所需的信息或者放松自己。

在通信行业和互联网的共同推动下，中国移动互联网在短短十几年间取得了惊人的发展成就。截至 2018 年 6 月，我国手机网民规模达 7.88 亿人，上半年新增手机网民 3509 万人，较 2017 年年末增加 4.7%。网民中使用手机上网人群的占比由 2017 年的 97.5% 提升至 98.3%，网民手机上网比例继续攀升。中国手机网民规模及其占网民比例如图 1－2 所示。

（二）移动互联网市场规模持续增长

随着 4G 技术的成熟和普及，如今智能移动终端的功能可与 PC 相媲美。

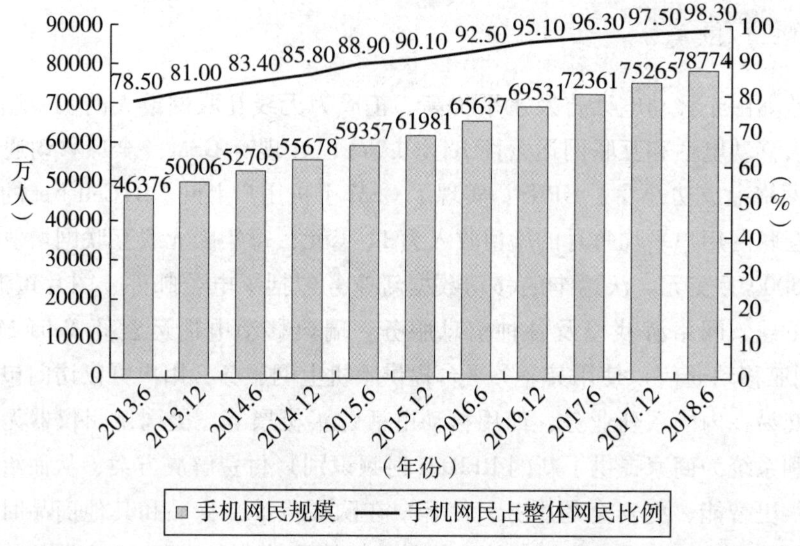

图 1－2　中国手机网民规模及其占网民比例

并且，在大中城市推广无线网络，只要打开智能移动终端，就能享受一系列的应用服务。移动商务、移动搜索、应用商店等业务在市场上表现良好，中国移动互联网的市场规模发展迅速。

移动互联网存在着巨大的市场潜力，根据预测，2020 年市场规模将达 2000 亿元。同时，移动互联网的各项业务在市场上表现得都非常抢眼。艾瑞咨询集团（简称艾瑞咨询）发布的数据显示，2018 年，中国移动电子商务的市场规模达 314. 6 亿元，比 2017 年增长 36. 2%；以上数据充分表明中国移动互联网正处于快速发展时期，有着巨大的市场潜力。

（三）丰富多彩的应用

移动互联网迅速发展的一个重要方面就是应用日益丰富多彩。五彩缤纷的移动互联网应用离不开产业链上各市场主体的共同努力。4G 技术的普及和成熟，使得一大批移动应用不断涌现，移动互联网应用应有尽有，满足了用户对不同应用的需求。艾瑞咨询集团调查显示，2017 年中国移动阅读市场规模稳步上升，达 132. 2 亿元，同比增长 32. 1%，增长率相比 2016 年有所降低。2017 年中国移动阅读行业用户规模达 3. 4 亿人，同比增长 13. 2%，增长率较 2016 年有所下降。未来几年，移动阅读行业的用户规模将保持 5% 的均速继续增长，到 2020 年预计将达 4. 8 亿人。

移动互联网应用在不断快速发展的同时，移动应用商店也保持着快速增长。目前，苹果 App Store 中的应用已超过 40 万个，Google 公司的 Android Market（安卓市场）已经突破 10 万个；中国移动应用商店中的应用也已突破 10 万个。

移动终端的不断普及带动了用户使用各种移动互联网应用的频率，移动互联网应用呈现多元化发展。据 CNNIC（中国互联网络信息中心）发布的第 42 次《中国互联网络发展状况统计报告》数据显示，用户对移动互联网应用的需求也日益多元化，其中，沟通类应用与信息获取类应用的发展速度较快。2017 年 12 月至 2018 年 6 月中国网民各类手机互联网应用的使用率如下表所示。

2017 年 12 月至 2018 年 6 月中国网民各类手机互联网应用的使用率

应用	2017 年 12 月		2018 年 6 月		半年增长率
	用户规模（万）	网民使用率	用户规模（万）	网民使用率	
手机即时通信	69359	92. 2%	75000	95. 2%	8. 1%
手机网络新闻	61959	82. 3%	63128	80. 1%	1. 9%
手机搜索	62398	82. 9%	63740	80. 9%	2. 2%
手机网络音乐	51173	68%	52323	66. 4%	2. 2%
手机网络视频	54857	72. 9%	57786	73. 4%	5. 3%
手机网上支付	52703	70. 0%	56608	71. 9%	7. 4%
手机网络购物	50563	67. 2%	55717	70. 7%	10. 2%
手机网络游戏	40710	54. 1%	45833	58. 2%	12. 6%
手机网上银行	37024	49. 2%	38227	48. 5%	3. 3%
手机网络文学	34352	45. 6%	38065	48. 3%	10. 8%
手机旅行预订	33961	45. 1%	35862	45. 5%	5. 6%
手机邮件	23276	30. 9%	25695	32. 6%	10. 4%
手机在线教育课程	11890	15. 8%	14221	18. 1%	19. 6%
手机微博	28634	38. 0%	31557	40. 1%	10. 2%
手机地图、手机导航	46504	61. 8%	50467	64. 1%	8. 5%
手机网上订外卖	32229	42. 8%	34359	43. 6%	6. 6%

从上表中可以看出，用户对手机即时通信的需求最高，其网民使用率达95.2%，半年增长率达8.1%；手机搜索和手机网络新闻分列第二和第三，网民使用率分别为80.9%和80.1%。

第二章　移动电子商务

移动互联网的业务服务是移动互联网发展的灵魂所在。移动互联网的业务服务的发展现状有以下几个特点：生活助手、金融理财、休闲娱乐等热门业务发展迅速，交通导航、图书阅读、音乐视频类、浏览器的少数业务仍占优势；终端请求业务服务区域集中度高，北上广地区的用户对热门业务诸如社交、理财类关注度明显高于其他地区；移动互联网发展的业务种类丰富多样，多元化发展是大势所趋；功能型业务在热门业务的比重逐渐加大。从上述特点可以看出移动互联网业务发展朝着信息化、娱乐化、商务化、行业化四个方向发展，形成了掌上新闻、资讯报道、消息推送服务信息类业务；手机视频、手机音乐、搞笑娱乐、社交社区娱乐类业务；网上支付、扫描服务、理财服务、手机邮件商务类业务；导航定位、云数据同步等行业类业务。

第一节　移动电子商务的概念和特点

一、移动化

移动互联网，显而易见的就是它的移动性。纵观整个互联网的发展历程，不难看出移动性的发展趋势。移动互联网与传统互联网相比，其最大特征就是移动化。客户可以随时随地在网络环境中接入并获取信息。移动互联网不仅将人们需要的资讯通过移动终端呈现在人们眼前，同时也让用户能够随时发表自己的见解和想法，成为媒介的传播者。

通常说的移动性大多针对移动终端来讲，如常见的手机和平板电脑等，其相对于台式电脑体积小、轻便又有一定的续航能力。消费者习惯将它们携带在身边，同时工作娱乐并没有太大的负担。仅终端具有移动性还是不够的，可以随时接入互联网才是移动性最主要的内容。在网络覆盖的地方，智能终端能够随时随地进行上网操作从而满足消费者的个性化需求。当然终端和网络也具有一定的局限性，比如无线网络的覆盖范围以及终端设备的大小和续航能力等。

设备和网络的可移动性和可伴随性使用户可以随时随地完成所需的操作。在当今社会快速发展的背景下，消费者对信息的及时性要求变得越来越高，因此，随时随地获得信息和处理事务的要求也在不断提高。信息和资讯已经成为现代人们生活的标签，思维和行为也逐渐被信息化。因此，每个人都构成一个自媒体，在获取和输出信息时更需要即时的传播。微博是一个平台，在微博这个平台上，用户可以分享所见、所想以及传播所感。在这个平台上人人都是自媒体，用户可以将自己的见解发表出来，表达自己。移动互联网打破了台式电脑的限制，可以将当时用户的心情和感想随时随地用微博分享和传递。

另外，移动性衍生出来的优势也显而易见。比如，移动互联网使 LBS（Location Based Services）得到了空前的发展，同时带动了一大批基于位置的企业发展，完美体现了“你在哪，服务就在哪”的理念。现实生活中，人们可以随时随地得到定位搜索服务、基于位置的游戏和信息推送，这一切只因终端和网络都触手可及。

二、电子商务的概念

关于电子商务的概念界定，国内外至今尚无统一公认的定义。本书认为，如果以电子商务出现的时代背景来进行定义，那么电子商务就是互联网商务。电子商务的本质是知识经济。

电子商务作为一个专用名词在 1997 年下半年被提出，在 Internet（互联网）普及之前，EDI（电子数据交换）已经用于商务，这是众所周知的，没有人把 EDI 叫作电子商务。现在，人们认识到，EDI 和电子商务的问世、发展、架构关联密切，这是对 EDI 的一种再认识。

电子商务是通过电子方式而不是面对面方式完成的交易。电子商务是信息技术的高级应用，用来增强贸易伙伴之间的商业关系。电子商务是以信息为基础的商业构想的实现，用来提高贸易过程中的效率。电子商务是商业的新模式。各行业的企业都将通过网络连接在一起，使得现实与虚拟的合作成为可能。

三、移动电子商务的概念

移动电子商务（简称移动电商，M - Commerce）是由电子商务（简称电商，E - Commerce）概念演变而来的，电子商务是伴随着个人电脑和互联技术的发展而形成的有线电子商务，而移动电子商务则是利用手机、平板电脑等移动智能终端，随时随地借助移动互联网进行的无线电子商务。

随着拥有互联网接入功能的移动电话的迅速普及，人们可以将计算机与互联网连接以获取信息，移动电话以无线通信方式让客户可以随时随地地交流与沟通。人们因为工作和生活的需要，希望随时随地收发电子邮件，查阅新闻、股票信息，订购各种急需商品，即实现移动互联。于是，一种新型的电子商务模式——移动电子商务应运而生，移动电子商务包括移动支付、CRM（客户关系管理）、移动股市、移动银行与移动办公等。

可以从狭义和广义两个层面对移动电子商务的概念进行描述。

狭义的移动电子商务是指消费者使用便携移动智能终端，如手机、平板电脑等，通过连接专用 Mobile Internet（移动互联网）或者 PIMN（公共陆地移动网络），实现商品交易或服务交易活动。

广义的移动电子商务是指消费者利用各种移动智能终端的通信设备，如手机、平板电脑、车载智能终端等，通过移动互联网随时随地、线上线下购买商品，并在线电子支付以及进行各种商务活动、金融活动和相关的综合服务活动等。

Keen（肯恩）（2004）指出移动电子商务由传统的电子商务逐渐衍生发展而来，并且基于互联网技术环境之下。移动电子商务活动涵盖的范围很广，凡在无线网络的环境下使用终端设备而完成的相关电子商务活动都可以被囊括其中。国内的学者唐博海（2017）则强调移动电商的产生环境和背景，特别强调在技术上的衍生发展，广大移动电商的参与突破了时空的约束，只要具备外部的硬件条件及有效的无线网络环境，就可以随时随地完成电商的消费行为和活动，更加灵活、多样、简捷、便利和高效。除了衍生视角以外，国内外学者从市场活动的角度来理解和定义移动电子商务。Teo（缇欧）（2016）指出移动电子商务的出现得益于移动通信网络技术的广泛应用，并且移动电子商务的活动必须要在移动终端设备上使用，通过电商市场的交易行为形成一定的经济效用和价值。

国内学者王有为（2007）结合移动电子商务的特点和本质来理解其内涵，移动电子商务具有个性化、便利性和实时性等特点，其本质是在移动通信网络环境下，借助移动通信终端设备平台，如手机、平板、电脑等设备，让广大参与主体完成各种电商交易和消费行为等一系列相关的活动。吕廷杰（2014）指出移动电子商务是一种商务平台或者系统，并且该平台或者系统基于现代无线通信网络技术和移动终端设备的广泛应用的背景，参与主体在该平台或者系统上，进行电子商务的交易行为和市场活动。李建（2016）则将移动电子商务视为一个特殊的电子商务体系，在该电子商务体系内需要基于移动网络技术并借助手机、平板电脑等移动用户通信设备来实现。秦成德（2015）指出移动电子商务很好地将电子商务与无线通信和网络技术融为一体，二者相互结合、互为补充，广大参与主体可以借助手机、平板电脑等移动终端设备与现代成熟便利的互联网相结合，从而更加简单便利、直接有效地开展电商交易活动。

综上，可以看出学者们将移动电子商务理解为本质的市场交易行为，并结合当下移动通信网络技术的发展和移动电子商务自身的特点对其进行认知。随着移动电子商务和智能终端设备各种应用的发展，很多国内学者对其进行了更为系统深入的理解和认知。移动电子商务作为新生的商业生态模式和系统，离不开电子商务模式的逐渐完善和现代无线通信网络技术的进步，是伴随着移动终端设备的普及和电子商务活动的推广而逐渐发展起来的。

移动电子商务是传统电子商务从有线通信到无线通信，从固定地点的商务形式到随时随地的商务延伸，为电子商务的发展提供了一个全新的领域。移动智能终端既是一个移动通信工具，也是一个移动的 ATM（自动取款机）、一个移动的 POS 机（销售点情报管理系统），移动用户可以随时随地搜索并获取所需的应用、服务和娱乐信息，顾客可以快速搜索、选择以及购买商品或服务。移动电子商务基于传统电子商务的发展而来，是传统电子商务的新形态。

四、移动电子商务的特点

移动电子商务的主要特点是灵活、简单、方便。移动电子商务不仅能使客户在互联网上直接购物，还是一种全新的销售与促销渠道，它全面支持移动互联网业务，可实现电信、信息、媒体和娱乐服务的电子支付。移动电子商务能完全根据消费者的个性化需求和喜好进行定制，设备的选择以及提供服务与信息的方式完全由用户自己控制。通过移动电子商务，用户可随时随地获取所需的服务、应用、信息和娱乐。他们可以在自己方便的时候，使用智能电话或平板电脑查找、选择及购买商品和各种服务。采购可以即时完成，商业决策也可以马上实施。服务付费可以通过多种方式进行，可以直接转入银行、用户电话账单或者实时借记专用预付账户，以满足不同需求。通过个人移动设备来进行可靠的电子交易的能力被视为移动互联网业务的一个重要方面。

移动电子商务可以为人们生活带来变革，与传统电子商务相比，它具有明显优势，主要表现在以下几个方面。

首先，移动交易不受时间和地点的限制，能够实现在任何地方通过无线技术直接把电子商务服务提供给用户，真正做到随时随地。其次，移动电子商务效率高，大大节省客户交易的时间。再次，移动电子商务比基于互联网的电子商务更具安全性。由于移动电话已经具备了非常强大的内置认证特征，因此更适合用于电子商贸。手机所用的电话卡对于移动电子商务就像身份证对于社会生活一样，因为电话卡上存储着用户的全部信息，可以唯一地确定一个用户的身份，对于电子商务来说，就有了认证安全的基础。最后，还可以提供与位置相关的交易服务。

移动电子商务将用户和商家紧密联系起来，而且这种联系不受 PC 或连接线的限制，一些专家预测，移动电子商务在未来一段时间里将成为电子商务的主流发展模式之一。

移动电子商务技术发展的主要特点如表 2－1 所示。

表 2－1　　移动电子商务技术发展的主要特点

移动电子商务技术	特　点
第一代移动电子商务技术	采用以短信为基础的访问技术，这种技术存在着很多严重的缺陷，其中最严重的问题是实效性较差，查询请求不会立即得到回答
第二代移动电子商务技术	采用 WAP（无线应用通信协议）技术，主要通过手机浏览器访问 WAP 网站，以实现信息的查询，缺陷主要表现在 WAP 网页访问的交互能力较差

续 表

移动电子商务技术	特　点
第三代移动电子商务技术	融合了无线移动通信、移动互联网、智能终端、数据同步、身份认证及网络服务等多种移动通信、信息处理和计算机网络的最新的前沿技术，以专网通信和无线通信技术为依托，使得系统的安全和交互能力有了极大提高，为电子商务人员提供了一种安全快速的现代化移动电子商务机制
第四代移动电子商务技术	融合了光带接入和分布网络、超高的非对称数据传输和为高速移动用户提供高质量的影像服务，并首次实现三维图像的高质量传输。集多种无线技术和无线 LAN（局域网）系统为一体，移动用户可以实现无线漫游，进一步提高了利用率，满足了高速率、大容量的业务需求，同时具备克服高速数据在无线信道下的多径衰落和多径干扰等众多优势，为移动电子商务的发展提供了更加可靠的机制保障

第二节　移动电子商务发展概况

国内对移动电子商务商业模式的研究是基于国外的研究基础上的，强学刚（2011）基于商业模式理论、核心竞争力、产业链理论提出了构建成功的手机支付商业模式所需的外部条件和总体思路，从组织系统、运营模式、业务模式、盈利模式的角度构建符合我国产业市场规律和需求的商业模式。罗巍（2015）从位置服务的角度对移动电子商务模式进行研究，指出未来信息化时代位置服务无处不在，以及这些地理位置信息背后所赋予的商业价值信息，从人们真实的需求进行分析，探讨移动电子商务新模式。王建军（2016）从商业模型的参与者、商业模型的类型、移动电子商务价值链三方面对移动电子商务的商业模型进行了分析。张向国（2005）基于价值网理论，结合移动电子商务的商业模式特征，提出了一种移动电子商务的价值网生态体系模型，分析了其协同模式和运营机制。张千帆（2013）从网络运营商的角度分析了移动电子商务的四种商业模式的特点，为企业选择适合的商业模式提供了决策依据。

赵梅（2017）通过分析以运营商为核心的美国移动电子商务的商务模型指出，影响移动电子商务的商务模型的主要因素有内部因素（服务、目标市场战略）和外部因素（技术限制、价值链的动态变化），内部因素可以很快被改善和复制，外部因素对移动电子商务的商务模式的成功有很大的影响。张靖杰（2018）通过对欧洲、日本、韩国移动电子商务的商业模式的比较分析，指出成功的移动电子商务模式应该实现内容提供商、移动运营商、服务整合商、终端提供商的密切合作，其中移动运营商在移动电子商务中起到核心作用。

目前国内外对移动电子商务商业模式的研究主要集中于理论研究，理论与实际发展脱节，移动电子商务商业模式尚不成熟，商业模式环境仍然比较封闭，企业、移动服务商、消费者三者之间没有实现真正意义上的“无线无缝”，对商业模式的整合研究较少，缺乏模式体系研究。

随着我国移动4G网络的普及，人们的消费方式和商家的经营理念都在不断发生变化，移动电子商务正逐渐成为一种新型的商业模式，它与人们的生活息息相关，发展前景广阔，并将对我国的经济产生深远的影响。但是，它离真正成为一种理论体系还相去甚远，因此，有必要从经济、管理、产业链的角度，对移动电子商务的发展进行体系化的研究。如何整合移动电子商务产业链使移动电子商务产业向着更加健康的方向发展，这将是今后很长一段时间必须解决的问题。

随着移动互联网时代的到来，智能移动终端设备的广泛使用和参与主体消费习惯的转换，移动电子商务快速成长，步入了电子商务发展新的“黄金时期”。艾瑞咨询公布的数据显示，2016年第三季度中国移动购物市场交易规模达8201.5亿元，同比增长56.1%；从移动端、PC端占比来看，移动端占比达71.6%，同比增长15.0%，渗透率持续提升；从移动购物市场份额来看，阿里无线占比82.7%，继续领跑中国移动购物市场。

我国电子商务交易规模正在逐渐扩大，交易额度即将突破30万亿元。手机移动端购物群体主要为大学生、青年工作者，其中女性居多。移动购物市场正在逐渐向O2O（Online To Offline）、微信营销、App社交等飞快发展。4G改变了我国的无线应用方式，使手机使用群体持续扩大，因此，移动电子商务在我国具有不可估量的发展潜力。

4G时代是推动我国移动电子商务购物市场快速扩张的根本原因。我国三大通信企业利用4G网络技术实现了网络速度的新突破，同时，在网络资费和流量套餐方面进行了修改和调整，为客户提供了更加便捷的使用体验，促使更多PC端用户向移动端转移，为移动端用户网上交易创造了良好的环境。4G环境下，移动电子商务模式不断实现创新，手机支付模式的优化解决了用户支付的诸多问题。各大电商企业纷纷发布自己的移动端App，促使App商务模式成为移动电子商务发展的重要推动力。

移动电子商务具有很多优势。首先，随时随地，便捷灵活。与PC端相比，移动端能够随时随地进行操作和交易，突破了PC端对时间和空间的限制。移动用户连接网络就能在网上进行信息浏览、下载、社交和网购等，网络平台活动逐渐趋于碎片化，这是PC端难以达到的。因此，电商企业投其所好，在移动端展示符合用户喜好的商品和交易数据，尽可能满足用户的一切需求。其次，用户规模大。PC端作为移动端发展的基础，正面临客户流失的局面。移动端具有方便快捷的特点，PC端电子商务的用户逐渐投入移动电子商务市场，移动端用户成倍增长，具有巨大的消费潜力。最后，支付快捷安全。电子商务飞速发展，人们在移动端就能拥有自己的网上银行，并且对网上交易的安全也有着越来越高的要求。快捷支付平台的出现，大大提升了网上交易的效率。比如，支付宝、财付通、微信支付等平台，为买卖双方创造了快捷交易的条件。

第三节 移动电子商务的盈利模式

在广义上，盈利模式是指商务和业务两大结构的模式，商务结构主要是指企业外部所选择的交易内容、交易对象、交易方式、交易规模、交易渠道等商务内容及其时空结构；业务结构则是指满足商务结构需要的企业内部从事的管理、采购、研发、生产、营销等业务内容及其时空结构。在狭义上，盈利模式就是企业相对稳定和系统的盈利途径和方式。

盈利模式具有独特价值、持久性、可发展性和不可复制性的特点。移动电子商务盈利模式可以从电子商务功用、基于价值链、混合分类三个方面进行分类。如图2－1所示。

移动电子商务能否为产业链各参与方带来价值，最终取决于其是否具有

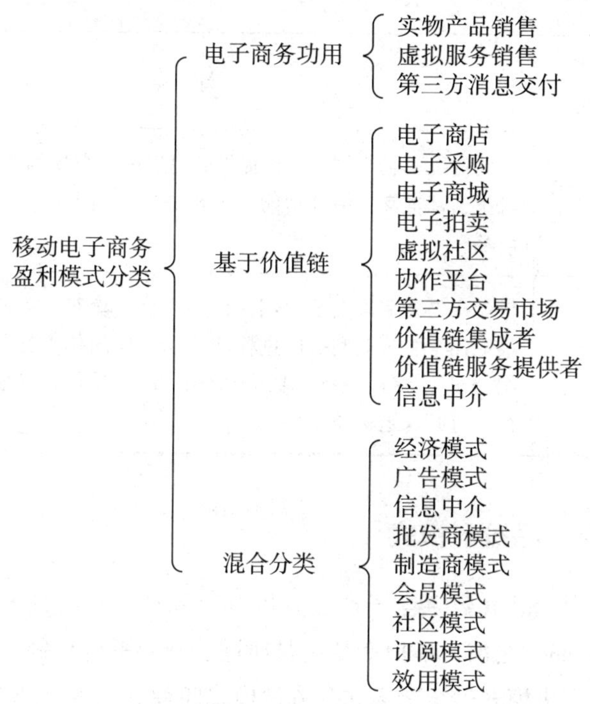

图 2－1　移动电子商务盈利模式分类

满足客户需求的能力，必须根据我国电子商务发展的现状选择适合市场的盈利模式。

一、实物产品或主要服务盈利模式

移动电子商务的实物产品或主要服务盈利模式有三种，即独立商店模式、卖场模式、交易费用模式或者经纪模式。实物产品或主要服务盈利模式特点如表 2－2 所示。

表 2－2　　　　实物产品或主要服务盈利模式特点

实物产品或主要服务盈利模式	特　点
独立商店模式	移动电子商务企业主要通过低买高卖，依靠差价获取利润。该模式主要以传统电子商务企业开展移动电子商务为主流，比如京东通过移动终端销售商品

续 表

实物产品或主要服务盈利模式	特 点
卖场模式	如同传统卖场一样，平台提供商提供移动交易的基础设施：人气、流量、基本支付结算功能。主要是平台型电商，如淘宝网购物客户端
交易费用模式或者经纪模式	依赖交易费用来实现盈利，通过撮合买卖双方完成交易，并从中抽取佣金实现获利。通过移动终端实现的拍卖交易佣金、证券经纪公司、票务、在线银行、金融、汽车销售、房地产经纪、旅行社等可归入这一类

二、虚拟产品盈利模式

互联网虚拟产品（数字电子产品）因其特殊性，有特殊的盈利模式。在苹果推出 App Store 之前，虚拟产品主要通过运营商平台分销。盈利模式主要有娱乐模式、广告模式、金融模式和资信模式四种。

（一）娱乐模式

移动电子商务在满足终端用户娱乐需求上取得了巨大成功。娱乐模式分为交互模式和单向模式，交互模式是基于移动终端的信息交互，如短信、彩信以及通过数据网络传输的图文信息（微信、米聊）等。单向模式由内容提供商提供虚拟产品，如彩铃下载、游戏等业务，费用由移动通信运营商从其手机话费账户中扣除，双方按照约定比例分成。

（二）广告模式

广告是移动电子商务的重要利润来源。与其他广告形式相比，通过移动通信设备发送的无线广告基于庞大的手机用户因而受众广；由于手机用户的身份唯一性，广告可采取个性化营销效果更强的内容，因而针对性强。移动终端的位置可追踪性，使得个性化的精准广告投放成为可能。无线广告将成为未来最为重要的广告模式之一。

（三）金融模式

金融模式是指直接通过手机银行等服务事项提供实时交易、转账等金融服务，如手机炒股。与资信模式不同的是直接交易，直接涉及财务的实时处理，如在线缴纳水电费、电话账单、充值等。

（四）资信模式

资信模式是通过内容提供商和服务提供商为用户提供所需要的信息如网络资讯、股市行情、打折机票等，使移动用户可以随时随地收到最为及时的信息，从而做出即时决策。此种模式，利润主要来自用户所缴纳的费用，信息提供商获得大部分收入，移动通信运营商以平台身份抽成。

三、移动电子商务基础服务盈利模式

在移动电子商务过程中，有一类企业是专门为移动电子商务企业提供相关服务的，比如物流服务、第三方支付服务等，该类型企业主要通过提供服务，向移动电子商务企业或消费者收费实现盈利。该类型企业以服务盈利模式发展，在电子商务行业普遍盈利不及预期的情况下能做到旱涝保收，而在移动电子商务大发展的现今，其在产业价值链中起到了越来越重要的作用。

第四节　移动电子商务商业模式

移动电子商务的产业链各参与方既可以由不同的参与方主导产生不同的商业模式，也可由多方共同合作主导形成交叉关联复杂的商业模式，主要包括互联网企业为核心的移动电子商务商业模式、移动运营商为核心的移动电子商务商业模式、平台集成商为核心的移动电子商务商业模式、金融机构为核心的移动电子商务商业模式等。

一、按照运营核心企业分类

随着移动通信技术的发展，电子商务开始从传统互联网电子商务进入移动电子商务。移动电子商务产业链相关方的发展趋势日渐明显，其中用户更加侧重于安全性、个性化、便利性、有效性等，商家也侧重于安全性、个性化、有效性和及时性等，而服务的第三方则以用户为中心，注重用户体验，同时做好平台商家后台安全保障，满足及时性以及个性化的要求。

移动电子商务能否为产业链各参与方带来价值，最终取决于其是否具有满足客户需求的能力。产业链任一环节，通过局部创新整合内部资源，营造外部合作生态，面向消费者提供产品、服务或解决方案，为消费者带来价值，在价值传递过程中体现增值。无论其居于价值链上游、中游还是下游，都有其发挥空间，并在产业链中创造价值、获取利润。

随着移动电子商务的发展，价值链各方需要找准自己的定位，通过专注或转型或改变来适应客户日益发展的需求。唯有改变才跟得上行业飞快发展的脚步。在产业链中打造价值链、在价值链中形成产业链，从而形成良性互动，推动行业螺旋式上升。移动电子商务产业价值链的整合与融合是未来的一个方向。

（一）互联网企业为核心的移动电子商务商业模式

PC端发展多年的传统互联网企业，有主导移动电子商务商业模式的优势，具备基础服务能力和运营经验。但是，手机终端不只是传统电子商务新开辟的用户入口，商业模式不能简单地进行复制，需要开辟全新的发展理念和服务模式，特别是个性化需求和私人定制方面。该模式主要采取了“品牌+运营”方式，继续保持互联网企业的货物渠道、商品仓储物流以及配送等后台服务体系特性，同时智能手机作为其移动电子商务的入口，互联网企业通过多方合作，定制与其特性服务内容相匹配的移动智能终端和特定的移动应用程序。

1. 互联网企业为核心的移动电子商务商业模式的主要优势

（1）具有良好的品牌优势。互联网企业多年在PC端传统电子商务发展，树立了良好的品牌形象，这对其进入移动电子商务市场具有极大促进作用。一方面，品牌效应使得其在移动电子商务平台易被接受；另一方面，凭借其积累的品牌号召力，更容易开展与移动电子商务上下游产业链各主体的合作，推进移动电子商务的发展。

（2）优秀的电子商务运营和管理能力。互联网企业已搭建了运营完善的服务平台，移动电子商务服务是其PC端电子商务平台的手机端入口；互联网企业具有专业化技术和服务团队，广泛的商品渠道和丰富的业务资源、物流、仓储等硬件条件的支持，为其他移动端的发展提供了条件。

（3）良好的PC端用户资源。移动端和PC端的用户存在一定重叠，PC端有良好购物体验的用户，可以随时随地轻松地应用移动电子商务平台进行购物体验，PC端完成了最原始的客户积累，为移动电子商务的发展奠定了良好的基础。

2. 互联网企业为核心的移动电子商务商业模式的主要劣势

移动终端商品展示效果存在约束。屏幕尺寸以及用户可操作性的局限性约束了商品在移动终端的展示效果。一方面，需要互联网企业专门设计符合移动终端浏览和操作的网页服务；另一方面，需要互联网企业安排专门的团队，针对目前众多品牌和类型的移动终端对移动互联网网站进行广泛的适配。

移动电子商务用户需求提出新挑战。由于移动电子商务服务应用条件的改变，其用户需求相对传统电子商务已经发生了重要变化，互联网企业原有的客户服务理念和运营模式已经不再适应移动电子商务发展的要求，这也为其进一步开展移动电子商务提出了新的挑战。

（二）移动运营商为核心的移动电子商务商业模式

移动运营商是指提供数据服务的移动通信运营商，我国主要有中国移动、中国联通和中国电信三家，以及2014年新发牌照的虚拟运营商。以移动运营商为核心的商业模式主要是指在移动通信运营商与商业客户或者用户之间建立直接的联系，在商业客户端放置支持非接触交易的POS机，在移动用户终端中采用特制的手机卡。在移动电子商务产业链上，移动运营商凭借其在整个产业链信息交汇的核心位置，能控制移动电子商务价值链以及自身终端用户的增值服务，并且拥有规模庞大的终端用户群，在开展移动电子商务方面具有先天优势。

移动运营商为核心的移动电子商务商业模式的主要特点是“渠道+平台”。定制手机及内嵌的接入软件为移动电子商务平台的入口建设提供保障。庞大的用户群吸引企业和商家以入驻的方式丰富移动电子商务平台上的产品线及内容，并为消费者提供信誉保障。

1. 移动运营商为核心的移动电子商务商业模式的主要优势

（1）庞大的用户群和信息通道优势。移动运营商处于产业链的核心位置，规模庞大的用户群使得移动电子商务产业链主体无法绕开移动运营商独立完成对用户的服务，因此移动运营商在移动电子商务产业的发展中具有得天独厚的优势。

（2）通信账户小额支付。移动运营商为每一个终端用户设置了通信账户，话费的划转可完成小额的在线支付，满足了资金流的通畅。

（3）完善的计费体系和强大的资本优势。这些都是其他产业链主体缺乏的独特优势。

2. 移动运营商为核心的移动电子商务商业模式的主要劣势

（1）缺乏高度专业化的团队。移动运营商作为通信服务提供商，更多的是经营和提供各类服务，无实物类产品，而移动电子商务企业经营的产品绝大多数都是种类繁杂的实际商品或者虚拟商品；缺乏高度专业化的团队和丰富的电子商务运营经验，与其主营业务相去甚远，很难保障平台的有效管理和顺畅运营。

（2）目标用户范围封闭，缺乏开放性。移动运营商在各自的领域内开展移动电子商务业务，主要针对的是本网内的用户，有很强的封闭性，违背了移动电子商务开放性的特点，不利于移动电子商务平台发展。

（3）低利润率导致动力不足。同主营通信领域的利润水平相比，电子商务的平均利润率要低很多，移动运营商过于控制移动电子商务平台的搭建及其产业价值链，难以有足够的动力去开展移动电子商务的必备活动，如自建商品渠道、独立进行仓储和物流配送等。

（三）平台集成商为核心的移动电子商务商业模式

平台集成商为核心的移动电子商务商业模式是由平台集成商自主整合业务客户，建设与维护业务平台，同时接入多个运营商提供业务服务。开展移动电子商务主要侧重于其熟悉的某个行业。平台集成商处于移动电子商务产业价值链的上游，专注于移动互联网的电子商务服务，从而多样化地满足移动电子商务用户，不断创新服务与运营模式，从而对移动电子商务用户需求和服务特点有了较好的理解与把握，这样便在电子商务行业竞争格局中占据了重要位置。

1. 平台集成商为核心的移动电子商务商业模式的主要优势

（1）为移动电子商务提供全程服务。平台集成商利用其开发团队、研发体系和丰富的客户资源，使企业或商家为消费者提供更加便捷和个性化的服务方式。

（2）准确的市场定位有利于创新。平台集成商通过企业管理服务发展，创新电子商务发展理念，改变转移价值观，能够较好地克服传统电商对移动电子商务发展的影响和束缚，吸引了大批商家入驻其搭建的商务平台。以平台集成商为核心的这种发展模式，对移动电子商务市场用户需求的变化有较好的把握，对其发展新方向更加敏锐。

2. 平台集成商为核心的移动电子商务商业模式的主要劣势

（1）品牌效应不足，用户拓展难度大。以平台集成商为核心的移动电子商务还存在品牌影响力薄弱、消费者认可度较低的问题。目前移动电子商务平台还没有一套较为完善的消费者服务和保障体系，用户群体不稳定，订单量低，用户拓展面临较大的难度。

（2）运营实力薄弱、服务体系不健全。现阶段中国移动电子商务发展应用还主要停留在通过手机终端进行商品咨询及网上购物的需求上。平台集成商为核心的移动电子商务平台的运营团队未完善、服务体系不健全，很难在短期内形成具有一定规模，可以与互联网为核心的移动电子商务相抗衡的商务平台。

（四）金融机构为核心的移动电子商务商业模式

金融机构通过开发电子商务业务平台、放置 POS 机，直接使用户与金融机构发生联系。该模式主要适用于手机银行业务，如招商银行的手机银行业务。金融机构的主导业务是大额移动支付业务。各大银行或金融机构提供了移动电子商务金融服务平台，为从事电子商务的企业和个人提供产品信息发布、在线交易、支付结算、分期付款、融资贷款、资金托管、房地产交易等服务，增强用户和企业商家的黏度以及挖掘大数据的价值，并对传统电子商务模式进行了创新。

以金融机构为核心的移动电子商务商业模式，在电商服务方面，提供 B2B（电子商务中企业对企业的交易方式）和 B2C（电子商务中企业对消费者的交易方式）客户操作模式，涵盖商品零售、商品批发、房地产交易等领域。在金融服务方面，为客户提供从支付结算、资金托管、信用担保到融资服务的全方位金融服务。

二、按照价值链主导模式进行分类

移动电子商务发展的另外一个分类方式是以移动运营商为价值链和业务链的主导，联合金融企业、商业企业和生产企业开展业务。移动电子商务发展的创新商务模式主要有：创新的第三方支付模式、创新的跨行业利益共享模式、创新的产业垂直整合模式、创新的行业准入模式、创新的商务安全模式等。

（一）第三方支付模式

移动电子商务的发展壮大必须有第三方支付服务作为基础，因此应积极发展移动电子商务第三方支付模式，在账户的开立方式、充值方式、密钥使用、资金管理、风险管理等方面进行充分研究。移动电子商务的第三方支付模式是第三方账户独立运营、移动运营商开放接入的模式，如图2－2所示。

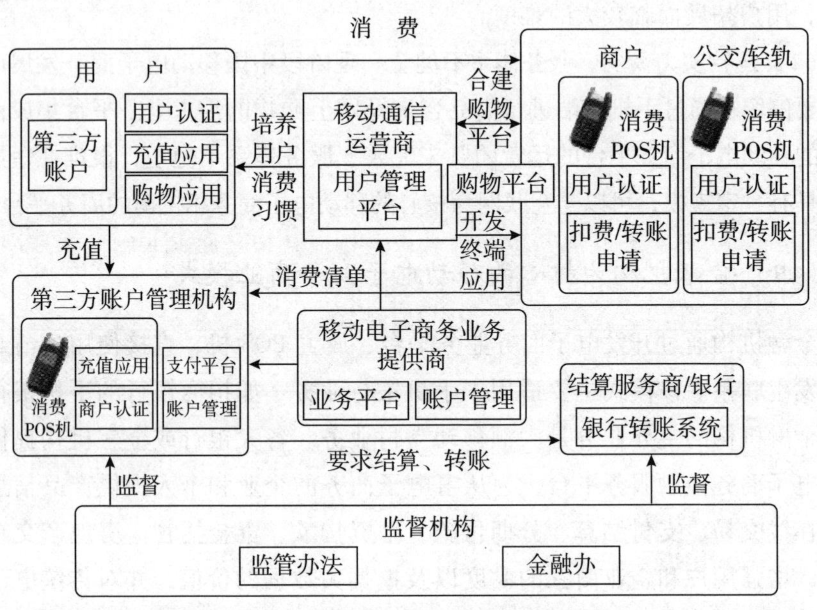

图2－2　移动电子商务第三方支付模式

在移动电子商务的第三方支付模式下，移动通信运营商提供网络通信平台，建设用户管理平台进行用户管理，获取通信费、信息服务费以及业务佣金分成；第三方账户管理机构建设移动电子商务支付平台，与银行等金融机构合作建立转账机制，进行资金管理、账户管理；移动电子商务内容提供商和服务提供商提供应用服务，获取交易佣金分成；银行通过银行转账系统对第三方账户管理管理机构的交易进行结算和转账；用户在第三方账户管理机构建立账户，并实现充值，进行消费；商户、公交、轻轨等最终服务商与移动通信运营商合建购物平台并和移动运营商共享用户，实现精确营销；监督机构负责监督第三方账户管理机构与银行的账务工作和移动电子商务业务活动，保障业务的顺利进行，保障用户的合法权益。

作为一种新兴支付方式，手机支付由于其方便快捷，在人们生活中发挥着越来越重要的作用。用户可以用自己的银联卡在支付界面下载支付插件，输入卡号和密码就能完成支付，甚至不必开通该卡的网上银行业务。手机作为个人用品，不易受到病毒侵入，更加安全。对于移动支付在安全方面的问题，一方面，银行会进行把关；另一方面，可利用手机短信等特有的功能来传递用于安全鉴定的信息。

（二）跨行业利益共享模式

移动电子商务的发展催生价值链上多种产业的共同发展，不同的行业之间相互依存、相互关联。价值链上的各企业要实现互惠共赢，必须坚持平台开放、资源共享、合作共赢的原则，建立移动电子商务利益共享机制，树立移动电子商务生态圈共赢共生的理念，走行业合作之路，共同做大移动电子商务这一新型服务市场。在价值链的利益相关者达成协议的基础上，共用交易平台，采取多卡合一及一卡多用的方式，新增市场收益由各方共享，实现多赢发展。近年来，移动电子商务信用消费平台及其他合作共赢创新模式也得到了发展，移动电子商务应用领域，如交通、商贸和物流等关乎民生的行业也得到了快速发展。商户、移动通信运营商、移动电子商务业务提供商和银行建立共赢的利益共享机制，各司其职，各取其利，共同促进移动电子商务发展。如表 2 – 3 所示。

表 2 – 3　　移动电子商务利益共享

利益相关者	职　责	利　益
移动通信运营商	（1）发展用户，并协同拓展商户、公共事业部门、物业公司； （2）定制终端和 SIM 卡； （3）提供空中开通/充值/查询/挂失及账单查询等服务； （4）提供移动增值业务； （5）提供客服和精确营销支撑，提供基础网络并建设物业应用管理平台	（1）增加客户黏性； （2）交易佣金的分成； （3）服务功能费； （4）通信费、信息服务费和增值业务费； （5）广告费收益； （6）快速发展移动电子商务用户和社区周边商户，培养用户使用习惯

续 表

利益相关者	职 责	利 益
第三方账户管理机构	(1) 与银行等金融机构合作，建立移动电子商务支付的转账机制； (2) 建设支付平台，进行资金管理； (3) 账户管理； (4) 铺设 POS 机	(1) 业务佣金分成； (2) 扩大移动电子商务一卡通的使用范围
移动电子商务业务提供商	(1) 拓展商户、公共事业部门、物业公司，并协同发展用户； (2) 铺设 POS 机及交易网络； (3)(虚拟) 交易平台建设和维护； (4) 账户管理和交易费用清算	(1) 交易佣金的分成； (2) 快速发展移动电子商务用户和社区周边商户，培养用户使用习惯
银行	(1) 资金托管； (2) 交易费用结算	(1) 资金托管收益； (2) 交易费用； (3) 结算收益
商户	(1) 放置 POS 机或自动售货机； (2) 支付交易佣金	(1) 提高业务量，降低收银成本； (2) 结合移动增值业务开展丰富的营销； (3) 和移动运营商共享用户，实现精确营销
城市一卡通	(1) 对内部清算系统、结算系统、POS 设备做软件升级； (2) 配合轻轨应用，提供综合服务	(1) 降低发卡成本； (2) 在轻轨范围内开展移动信息化服务； (3) 借助移动运营商完成用户精确营销分析
电力、物业等领域主导企业	(1) 向移动通信运营商和银行提供用户缴费信息； (2) 支付交易佣金	(1) 缴费资金； (2) 提高催缴效率； (3) 节约服务成本； (4) 提高服务质量； (5) 提升智能化水平和整体形象； (6) 结合移动增值业务开展丰富的应用
监督机构	(1) 监督手机支付平台，保障业务的顺利进行； (2) 保障用户的合法权益	—

移动电子商务越来越普及，用户可以不受时间和空间的限制随时进行移动购买和支付，具有灵活、高效的特点，根据无线技术的发展，现在我国已经开通了部分航线的4G无线网络覆盖，让用户真正能够随时随地、高速地接入互联网络。移动电子商务模式按产业链的主导方式划分主要可分为四个主要类型。

（1）以传统运营电子商务的互联网企业为核心的多方参与模式。这种模式多依托传统电子商务且把其接入方式移动化，一般会有某个或某几个核心业务。在该移动电子商务服务模式下，传统电子商务提供商通常会在用户接口处与终端制造商和软件提供商进行合作，定制硬件上相匹配的移动终端设备或者为移动终端设计某些特定的应用程序并进行预安装（通常称为定制机），一般预安装的软件不易被用户卸载或改变。在网络接入手段，以电信运营商提供的通信网络为主要通道，电信运营商为移动电子商务的运行提供了通信保障。如手机淘宝网、当当网都是中国影响较大的移动购物服务提供商和移动交易平台，业务涉及C2C（电子商务中消费者对消费者的交易方式）、B2C两大类，其在线商品超过了百万种，利用自行开发的支付宝或网上银行实现了手机在线支付，2018年，全国网上零售额90065亿元，比2017年增长23.9%。其中，实物商品网上零售额为70198亿元，增长25.4%，占社会消费品零售总额的比重为18.4%。2018年，“双十一”淘宝网销售额超过了2135亿元。

（2）以移动电信运营商为核心多方参与的运营模式。移动电信运营商以自身运营的移动接入网为依托同商业服务提供商合作，通过平台集成商的系统开发，一方面，可让用户使用自己的移动网络，另一方面，搭建移动支付运营平台。如：“mo生活商城”是中国移动通信集团旗下的电子购物平台，由中国移动江苏分公司负责运营，面向移动手机、广大互联网用户以及商家提供电子商务服务，商城可以通过各种移动终端或固定终端进行访问，业务涉及4G手机、电子票务、居家生活、特色礼品、游戏点卡等9大类，包含1万多种商品，用户可以通过移动商场币、手机积分、话费支付、手机钱包、支付宝等进行购物，通过邮政的EMS（邮政特快专递服务）系统、普通快递公司向用户配送货品为主的货物流通方式，“mo生活商城”通过整合移动营销礼品资源成为商流、物流、信息流、资金流一体化的移动电子商务平台，2012年度交易额超过2000万元。此类模式前期多围绕运营商为客户服务的目的开展，但随着移动技术和电子商务活动的高速发展，各运营商都在积极从中开发增值业务的潜力，因我国移动运营商的用户规模非常广泛，所以其在社会中的影响以及今后的发展潜力都将很大。

(3) 以平台集成商为核心的模式。由平台集成商建设与维护业务平台，在网络上建设虚拟商业中心，提供软件开发手段，供各类厂家入驻，供各类消费者选购商品，运营平台可以同时向多个运营商提供业务接入服务。如用友网络科技股份有限公司的移动商街业务平台等。

(4) 以银行为核心的模式。由银行开发业务平台支撑自身业务发展并为其他各类商业活动提供金融服务，用户通过短信、WAP 等与银行直接发生联系，该模式主要适用于手机银行业务，如中国建设银行、中国工商银行的手机银行业务。此类业务模式今后应该多从技术接口的标准化上进行发展，依托自己雄厚的财力、安全保障能力和服务能力，提升各类平台的接入能力，扩展自己的商务空间。

(三) 产业垂直整合模式

移动电子商务价值链上各参与企业的合作推动了移动通信运营商、平台提供商、内容提供商、服务提供商为核心的移动电子商务产业联盟的建立，加强核心技术的消化吸收和再创新，利用市场机制，不断探索研发、生产、销售、运输等相关企业间的垂直整合模式。重点支持产业规模大、研发能力强的骨干企业集中到移动电子商务产业园发展，集聚本地和外部优势资源，充分发挥区域比较优势，围绕移动电子商务产业链核心环节，通过投资参股、兼并、重组等方式实现移动电子商务产业链的垂直整合，形成上、中、下游配套齐全的一体化的移动电子商务产业群。如图 2－3 所示。

(四) 行业准入模式

目前，中国的移动电子商务的发展还处于起步阶段，要想移动电子商务快速有序地发展，必须制定移动电子商务的相关政策、标准规范。只有有了完善的政策法规、统一标准规范，移动电子商务才能健康地发展，如图 2－4 所示。

(1) 针对整个价值链所涉及的 POS 终端开发和提供厂商、业务平台账务系统开发厂商以及射频芯片制造厂商，建立和完善移动电子商务标准体系，创新移动电子商务行业准入机制。以完善细致的机制，严格执行手机支付行

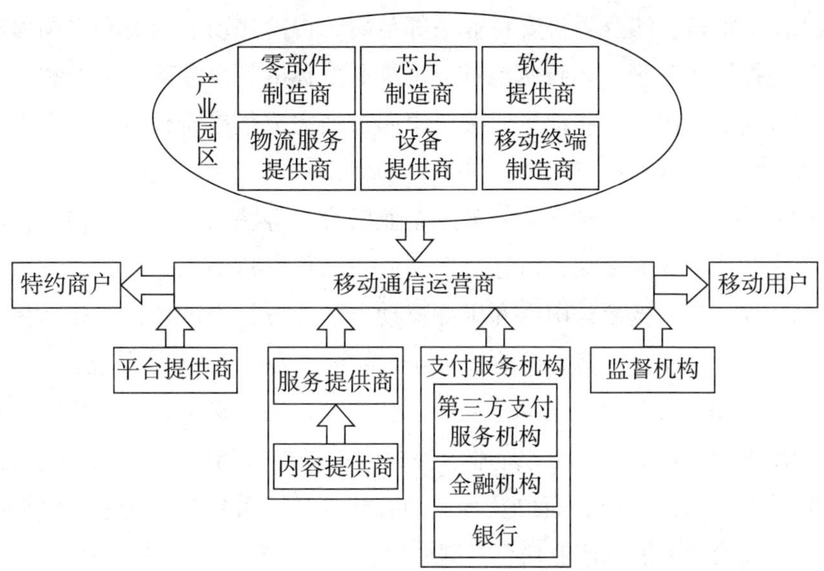

图 2－3　商业模式创新产业联盟

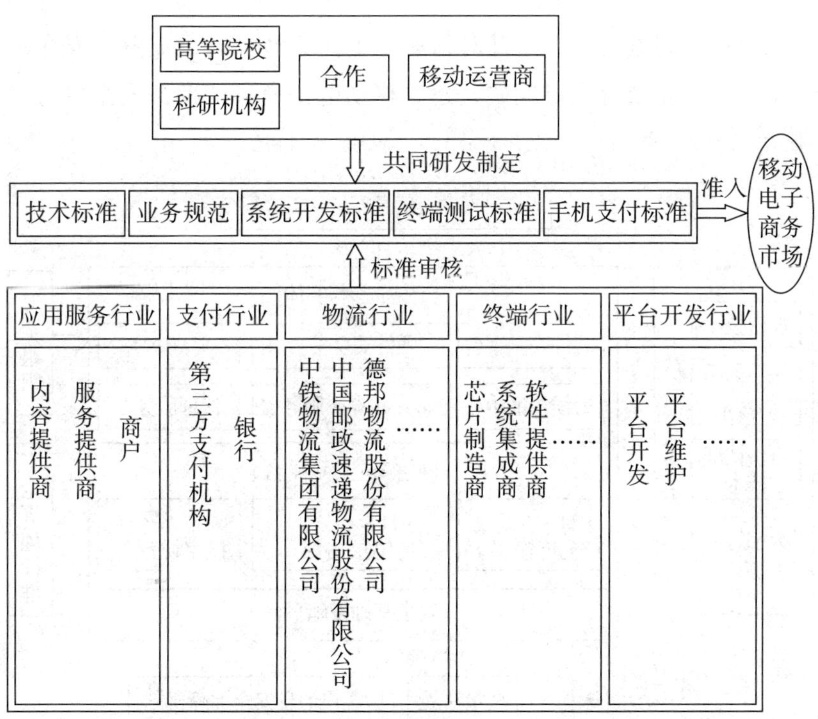

图 2－4　移动电子商务行业准入模式

业准入资格审核。涉及手机支付业务等范畴，将由移动运营商和中国移动通信研究院提供业务规范、技术标准、系统开发标准、终端测试标准和手机支付标准等支撑工作，由移动运营按照集团标准完成最终合作方、终端引入以及业务、技术的落地实施工作。

（2）注重产、学、研结合，鼓励企业联合高等院校、科研机构研究制定包括安全芯片、智能终端、信息交换和业务流程等移动电子商务关键领域的技术标准规范。积极参与国内和国际移动电子商务标准的修订工作，完善移动电子商务标准体系，努力推动移动电子商务发展标准化和一体化。

（3）严格把控移动电子商务企业、特约商户的市场准入，按照国家相关规定和要求建立移动电子商务企业、商户的市场准入制度，规范其市场行为，确保移动电子商务企业、商户及客户的合法权益，引导参与企业、商户有序竞争，形成滚动发展的产业培育机制。

（五）商务安全模式

以保障用户利益为核心，针对移动电子商务涉及的沉淀资金安全、技术安全、个人信息安全等关键问题，建立移动电子商务的商务安全模式，如图2－5所示。

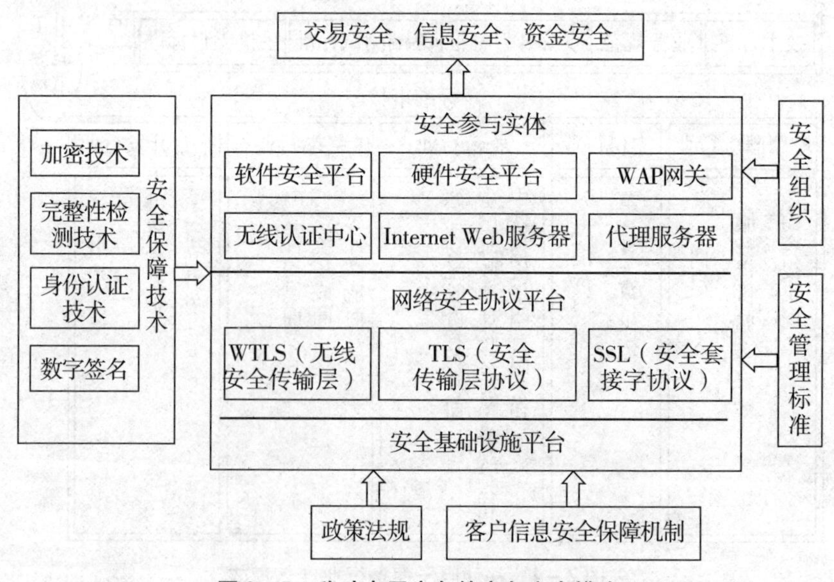

图2－5　移动电子商务的商务安全模式

按照相关政策法规要求，明确移动电子商务企业沉淀资金的管理方式、资金结算账户的管理要求、资金监管机构的职责和权限、企业与客户在资金管理方面的权利和义务、风险控制措施及救助机制等，保证了移动电子商务发展合规、有序。

建立了移动电子商务技术安全保障机制，坚持移动电子商务网络安全的有效性、机密性、完整性和不可否认性四大基本原则，推广统一的移动电子商务及非金融类支付产品的行业技术标准、密钥体系和数字认证服务，提高了移动电子商务企业的技术风险防范能力。

建立了客户信息安全保障机制，加强了移动电子商务企业客户信息资料安全管理。各业务管理平台设置专职信息安全管理员职位，定期与可能接触到客户信息的人员签订保密协议，加强合作方运维管理，定期审核涉及客户信息的业务操作日志，进一步保障客户的信息安全。

（六）App 商用模式

移动购物商城蕴含巨大的商业潜力，为在市场获得更大利益，越来越多的电商加大人力、财力、技术等投入开发 App，以期望在巨大的 App 大军中拥有自己的特色。手机客户端的盈利主要由留存率和转化率来体现。当前我国手机用户的规模正在急剧增加和扩大，因此未来的手机购物发展将成为移动电商的下一个市场爆发点。

几年前，网民上网更多是为了聊天。但从近几年看，电子商务成为人们上网的又一重要活动，而上网聊天的比例明显下滑，交易和购物的比例明显上升，如图 2－6 所示。

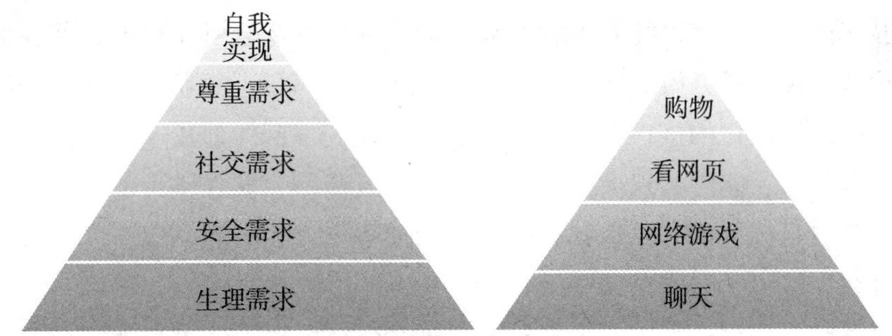

图 2－6　马斯洛上网需求金字塔分布

通过图 2－6 可知，随着移动电子商务的发展，作为较低层次的聊天需求逐渐被购物需求占领。当前网民上网的主要驱动力是购物，互联网也从娱乐和聊天工具向电子商务等实用工具转变。

现代的电商 App 应以完善的技术为核心和基础，为移动用户带来更愉悦的体验，支付功能、互动性、人性化后台管理方面都需要在接下来的升级和优化中得到提高。

（七）微信营销模式

随着移动电子商务的发展，在 App 之后移动电子商务又将发力点转向了微信平台。当前微信营销的模式主要为查看附近的人。用户点击后可以根据自己的地理位置查找周围的微信用户。随着移动电子商务的发展，微信用户也在逐渐增加，因此丰富的潜在客户资源使不少大品牌产生通过微信推广产品的想法。随着微信功能的不断完善，当前也已经开通了在线支付功能，未来微信有望成为主要的移动电子商务平台。微信的快速发展与其优惠的价格密不可分，这也促使企业逐渐向实惠方向发展。

移动电子商务模式的丰富和发展为商务世界的发展和变化注入了无尽的充沛活力，在可预知的未来将有更多的电商企业、个人参与到这个生机勃勃的产业中来，进一步推动经济发展和人性化服务。

（八）4G 网状商务模式

4G 是移动电子商务的一个重要的技术支持，4G 技术具备向下兼容、开放界面、全球漫游、网络互联、多元终端应用等优点，并能从 3G 技术平稳过渡至 4G。移动电子商务充分利用 4G 技术的高速优势，并充分依托云技术、跨界技术的发展，使以往各个相互分离的组成单元组合到了一起，使我们的商业模式向网状商务模式（见图 2－7）发展成为可能。网状商务模式是指通过统一化、标准化的接口把商业交易多方连接到一起，形成一个功能完备的网状商务体系，能够实现商品从始至终的有效流转，并在整个商务交易活动中实现各自目标价值。要达到且做好网状商务模式，必须从以下几点进行改进和加强。

搭建统一的移动电子商务平台，且要充分发挥“云”的作用。建立一个具有行业特色的网上商家联盟和商品交易集散平台，这对企业来说，可以降

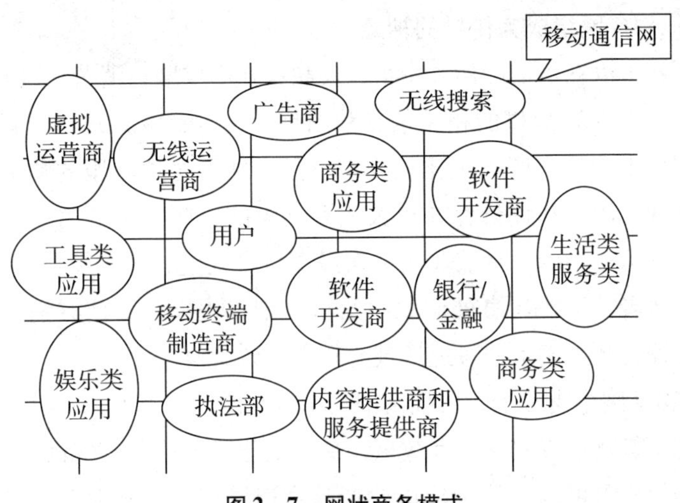

图 2－7　网状商务模式

低采购成本、提高采购效率、拓宽网上销售渠道、健全物流服务，从而有效降低企业成本；对消费者而言，可以通过网上平台进行比价消费，提高消费者剩余。由于 4G 网络应用涉及视频、游戏、导航等多个领域，因此可以从行业应用入手，实现站点间商情信息和交易的撮合服务，推广物流等行业试点 RFID、NFC（近场通信）等应用。在移动电子商务中，可结合现有的 4G 技术搭建平台，并结合 4G 可以支持大数据流的特点，充分发挥“云计算”的能力，根据用户的需求及其需求的紧迫性、重要性等标准通过该平台确定投入比例以及实现需求的顺序。另外，充分利用 4G 技术满足用户在互联网电子商务中实现不了的需求，从而提高用户对平台的感知和评价。

创新信息服务和交易管理。移动电子商务要想取得更大发展，必须针对信息服务和交易管理两项做好创新。要做好这两点创新，可以通过加强交易管理和信息共享，由国家或行业制定数据公开和共享规范，明确不同企业需要公布的信息，建立一个跨行业、跨企业的信息可以共享的大数据库。从而掌握资金、信息、人才、产品的生产过程等各种数据，协调、沟通企业与企业、企业与客户以及企业内部不同团队间的信息；也可以通过信用积累和记录，协助各企业形成自己的特色团队，开拓更大商机；还可以通过及时获得信息，使交易双方能随时解决在经济活动中发现的问题。只有对信息服务和交易管理进行创新，移动电子商务才能发挥自己的长处，从而得到持续快速发展，交易活动的各个环节都可以成为一个网上的节点，每个节点都在促进信息的流动，4G 网络成为传导的神经。

这种创新可以在下面的例子中得到反映：在淘宝网，消费者（或零售商）根据店家（或企业）提供的相关信息和图片，判定衣服款式比较新颖，在图片和用户评价中质量和服务也比较高，于是增加了这件衣服的购买意向，最后收货时发现与图片和评价存在极大反差。当前一些竞争者为了提高自身人气，采取各种途径招聘一批兼职人员来提高自身人气、修改美化原有图片等，从而迷惑消费者，消费者身处假象中给自已带来损失；即使有消费者遭受损失后给予差评，却被卖家通过返还现金等方式致其修改评价。

在 4G 移动网络支撑下，要提高网页承载性能，一方面，在评价界面允许客户上传购买货物的真实图片和效果，最终受益于消费者，依据 4G 可以承载高流量数据的特点可以上传录像以及产品生产过程中的随时监控场景等，售货厂家便无法只发布美化后的图片资料；另一方面，要提高信息真实性的监督约束力，尽可能减少评价修改的行为，可以设立多个接口由质量技术监督局等提供相关的监测信息。最后在每一个产品的购买界面，自动建立一个与腾讯 QQ 类似的购买群，有意向的购买者可以和他们直接进行交流以便实现信息实时分享，通过上述案例中的运营模式的改变就可以减少现实中的许多不利情况的发生，也可大大提升各类用户的满意度和信任度，提高网上购物的交易效率。

完善物联网。4G 移动电子商务与物联网两者相辅相成，缺一不可。完善物联网，要针对移动电子商务所面临的从采购到最后客户关系管理的整个过程在信息方面提出解决方案，在技术和应用等多个方面搭建服务平台，最终在建设过程中成立物联网产业联盟，形成多方共同推动物联网发展的组织机制。

当前我国物联网还处于发展初期，尚有一些不够完善和人性化的方面。在移动电子商务中，物联网是移动电子商务顺利进行的基础性前提，物联网的完善可以更好地促进移动电子商务的顺利开展。利用现在的 4G 移动技术可以在物联网领域全面部署移动化解决方案，帮助用户实现可视化跟踪和操作，可以让更多企业、消费者参与进来，在网络中建立现实经济交易中的一系列如从原材料采购到产品制造、产品宣传推广到售后服务、客户档案建立、类似工商管理性质的第三方监督等经营管理程序和系统，最终实现消费者足不出户便可购买商品，实现供应商利润，提高消费者便利度，大大降低双方的时间和信息成本。

改进智能移动终端，加强5G终端模块的便携性和稳定性。随着社会的发展，移动电子商务在先进性、简便性方面需要做更多的努力，在技术推进中使移动终端更小、更智能化、更人性化。将5G技术应用到手机等各种移动终端上，可以提供高性能的流媒体内容，也可以接受高分辨率的电影和电视节目，与人们工作和生活的联系将更加紧密，移动电子商务将得到更大的发展。因此在现代的移动电子商务中，要改进智能移动终端，就要进一步提高智能移动终端的性能和相关的应用程序，实现网上洽谈、移动支付和供求交易等。随着设备的小型化和5G技术的发展，可穿戴的通信产品及其应用将会高速发展，如具备通信功能的眼镜、手表等，今后拍客不需要拿着相机、摄像机实时准备，只需戴一副眼镜就可以实现“所见即所拍、所拍即所传”，所见到的景象可随时通过移动网络进行传递。

在4G中，实现了客户端的融合。4G在有线电视网、手机通信网、宽带网的“三网融合”中得到了突破。尤其对于时间紧迫的上班族，上班期间难免会遇到一些生活上的困扰。在5G中，用户可以在上班途中享受流畅的电视直播节目，在上班时间打开或者关闭家中各类电器，在回家的路上调整家中的室内温度，通过无人机接收快递包裹，在计算机查看文件过程中直接使用计算机拨打电话等语音服务进行及时咨询，在手机或者电脑中将语音瞬间转化为文字，用语音对电视、电脑、手机进行控制，诸如此类等，从而更加享受移动电子商务带来的人性化服务。

完善手机支付功能。目前移动支付终端有手机、PDA（掌上电脑）、移动个人笔记本等，其中，手机在使用中频率最高。因此应该从手机入手来推动移动电子商务的发展，完善手机的支付功能，在安全性和方便性两个方面都将得到提升。移动电子商务在当前及未来的5G技术中，将使电子货币得到应用和普及，在信息服务中实现更高的安全保障，在无人机上门送货签单时就可以通过无人机人脸识别系统自动识别身份，用户通过手机验单并用手机进行支付，实现无纸化，减少交易系统成本。

第三章　移动电子商务与消费者行为

第一节　顾客参与理论

在营销科学领域，顾客是指在买卖交易过程中接受产品或服务的组织或个人，包括最终消费者和中间购买者。消费者参与属于顾客参与的研究范畴，因此，对顾客参与的相关理论研究，包括顾客参与的内在动机、影响因素以及移动网络环境下顾客参与的相关研究等内容进行梳理研究就显得尤为重要。

一、顾客参与的产生动机研究

行为科学认为，动机是一种由需要推动的为达成一定目标而引导、维持个体行为活动的内在心理过程和内部驱动力（张爱卿，1996）。动机是行为的直接诱因，能够启动、指导、激励和调节个体。因此，探讨消费者的参与行为需要对其动机因素进行系统的认识。从现有顾客参与的动机研究来看，可以分为内部动机和外部动机两种。其中内部动机主要是探讨顾客内在的心理因素；而外部动机则是对外部物质和社会因素的研究。Geraldi（杰拉尔迪，2019）通过研究发现，顾客参与的意愿受内在动机的驱使，他们能够根据自身的内在状态决定参与服务的可能性。Bateson（贝特森，2016）在对顾客参与动机研究中发现，顾客参与服务过程不仅由于金钱的激励，更是因为顾客在服务的过程中能够更加具有控制感，体验到了一种独立自我的感觉。Silpakit（斯帕克，1997）对内在动机进行了详细的研究，认为内在动机包括顾客心理需要、自我概念、社会角色以及感知风险等。Dabholkar（达博卡，2018）在对顾客参与研究时提出了感知控制的概念，用来表示顾客在服务过程中对所拥有控制数量的感觉，指出顾客参与可以获得更多的服务信息从而增加感知控制。File（费尔，2018）等在研究中则认为，顾客参与服务过程主要是由于亲身参与可以保证获得良好的服务效果，从而减少服务风险。Schneider（施内德，2019）则认为顾客参与重在获得参与过程的快乐体验。他们认为，顾客在参与服务过程中，通过努力付出获得满意结果时就会产生成就感、群体声望和个人成长，从而体验到参与活动的快乐。

John（约翰，2019）在研究中发现，顾客在参与的过程中能够获得愉悦的情感体验，可以赢取自我展现的机会、群体关注的可能，有利于使自己更好地融入社会群体，获得组织归属感和认同感。Lloyd（李罗德）和Luk（路克，2011）在研究中指出，顾客参与合作生产过程主要源于他们对过程的控制感，通过参与可以有效地减少风险、控制结果，从而获得心理满足。Markley（麦克雷）和Davis（戴维斯，2008）在研究顾客参与动机时进行了深入访谈和研究，结果发现，顾客参与不仅为了经济利益，还为了能够获得服务的愉悦感觉、提高服务满意程度、减少焦虑以及感到舒适等。

我国学者徐岚（2019）通过实证研究发现，消费者对产品的独特性需求能够有效地驱动消费者参与到创造活动中，从而增强合作产品的独特性，提升自我形象和社会印象；同时，参与过程的探索体验也是消费者参与的重要驱动因素。Kelley（科雷，2019）等在研究中发现，顾客愿意在服务过程中提供更多的服务资源，主要是因为他们能够获得更多的便利、享受到更低的价格以及获得更有效率的服务。Kellogg（克莱格，2019）等研究认为，顾客参与服务过程可以认为是顾客对服务质量保障的行为，因为亲身参与使顾客能够保证他们想要的服务结果。Schneider（施内德）和Bowen（博文，1987）对顾客参与的动机进行了系统的研究，指出顾客参与合作生产的动机包括很多项，如提高效率、降低价格、提高控制感、拥有自由和机会、缩短等候时间、享有更大的定制化等。

Rodi（罗迪，2015）认为顾客参与主要受三种利益的驱动，包括服务效率、服务有效性和心理利益。Remy（瑞米，2017）从经济联结和社会联结两个方面进行顾客参与的动机研究，指出当顾客在参与过程中投入了体力和智力时，主要想获取企业的经济联结，如价格折扣、服务效率等；而当顾客投入了情感交际时，则是为了寻求企业的社会联结，如友好性、互动性、激情性等。

二、顾客参与的影响因素研究

目前，许多学者对顾客参与的影响因素进行了研究，以下将进行详细介绍。

Silpakit（斯帕克，2013）认为，顾客所在的环境因素和服务特征对其参与行为有影响，环境因素包括社会环境、物理环境以及个人财务状况等；而服务特征则是指服务方式、定制化水平、便利性等。肖华（2018）曾通过对比研究发现，外在环境因素、服务行业背景以及服务组织自身因素是影响顾客参与行为的外部影响因素，其中服务产品的特征是重要影响变量。File（费尔，2018）等在对顾客参与的研究中发现，文化价值对顾客参与的意愿具有显著影响。

Mattila（麦提拉，2005）在研究中也指出，由于服务具有无形性，其生产和传递过程是顾客同企业员工互动的过程，因此受社会文化的影响更加显著。通过对东西方不同文化背景的顾客的参与行为差异进行研究，Mattila（麦提拉，1999）发现儒家思想对顾客参与行为具有负向影响作用。Lloyd（李罗德，2003）在研究中指出，文化可以通过顾客的感知风险、感知控制两个中介变量对顾客参与产生间接影响。Youngdahl（杨德尔，2005）等研究也发现，不同的国家文化背景下消费者参与的行为也具有显著差异。

Patterson（帕特森，2006）等也认为企业服务生产和传递过程是社会交换过程，在这个过程中社会文化对顾客和企业服务人员的行为、承担的角色都有显著的影响。Kelly（凯莉，2014）等在对顾客参与的研究中发现，服务型组织的社会化程度越高，顾客就越愿意向服务投入更多的自身资源。Claycomb（克莱科姆，2001）等通过实证研究验证了组织社会化是促进顾客参与服务生产和传递过程的有效方法，认为组织社会化程度越高，顾客就越能熟悉组织的价值观和期望，进而更加全面地了解服务过程中消费者之间或服务员工和顾客之间互动所需的相关知识和能力，这些都能促使顾客产生参与行为意愿。

我国学者汪涛等（2011）在研究中也指出，组织社会化可以有效地明确顾客在服务中的角色，能够提升顾客自身参与能力，有利于强化顾客参与服务的动机，进而有效促进顾客参与行为的产生。王玖河等（2018）通过实证研究发现，顾客能力是促进顾客参与的重要前置因素。顾客能力包括顾客知识、消费经验、沟通能力以及用于参与的时间和精力等。顾客知识越丰富，顾客将会搜寻到更加可信的服务企业，同时他们也将表现出更多的欲望，从而更容易产生参与行为。

张初兵（2019）在研究中指出，组织社会化是促进顾客参与的重要因素，通过训练的顾客可以有效提高其参与服务的水平和效率。李晓楠（2019）通过对不同行业中的顾客参与进行研究，发现不同的服务类型影响顾客的参与水平，在法律和金融服务方面顾客参与水平较低，而在美容、美发等服务顾客方面参与水平较高，非营利组织提供的服务顾客参与水平也较高。

Bettencourt（贝当古，2011）在对零售商店顾客参与行为的研究中发现，零售商店对顾客会表现出不同的组织支持行为，包括公平的人际对待、满足尊重需要以及服务可靠等，这些组织支持行为能够有效促进消费者与商店建立互动关系，从而愿意表现出不同程度的参与行为。Parasuraman（帕拉休拉曼，2000）在对顾客参与的研究中采用了技术成熟度模型，认为顾客具备的技术和知识在服务生产和传递过程中起到重要的作用，顾客技术成熟程度影响服务接触过程中克服参与技术壁垒的难易程度。Rodi（罗迪，2015）在对顾客参与的研究中提出了顾客参与能力的概念，认为参与企业服务生产和传递过程需要顾客具有一定的能力和资源基础，这就是理想的顾客角色；他们认为这种顾客能力和资源可以影响顾客在服务生产和传递过程中的参与行为。

Ennew（恩纽，2005）等在研究中发现服务企业的氛围影响顾客参与行为，如果顾客感知到企业整体进行互动时的良好氛围，那么他们将会愿意参与到该企业某个员工的服务中。彭艳君（2014）对顾客参与的影响因素进行了综合研究，发现影响顾客参与程度的因素可以分为文化背景、组织社会化、服务类型和消费者个人特质四类。贾薇（2009）对顾客参与影响因素进行了深入研究，指出顾客的心理契约、自我效能、情感承诺以及交互公平都能够影响顾客参与行为。其中，心理契约包括交易心理契约和关系心理契约，当顾客认为企业同顾客之间是纯粹的经济关系时，就会建立交易心理契约，而当企业和顾客之间存在互利互惠、真诚友好的情感关系时，顾客将会建立关系心理契约，由此产生不同的参与活动。顾客自我效能对顾客参与服务活动的资源投入有影响，并会影响顾客参与行为。情感承诺能够激发顾客的积极情感反应，从而形成同企业间较强的情感纽带关系，促使顾客参与到组织活动中；顾客感知到企业对顾客的交互公平程度对顾客参与有显著的正向影响作用。

张文敏（2011）在研究中通过对顾客参与前因变量进行梳理总结，提炼出感知风险、独特性需求、信任和顾客知识四个重要影响因素，通过实证分析指出，感知风险、独特性需求、信任和顾客知识对顾客参与均具有显著的正向影响作用。赵宇飞（2012）对服务员工与顾客参与关系进行了研究，结果显示，服务员工角色内行为、组织公民行为和顾客情感都能够对顾客参与产生显著正向影响，而且，服务员工的角色内行为、组织公民行为还可以通过影响顾客情感对顾客参与产生间接影响作用。

三、网络环境下顾客参与研究

目前，许多学者对网络环境下顾客参与行为进行了大量研究，研究对象主要包括 SNS、BBS（电子公告牌系统）、虚拟社区、商业网站、购物网站等。

动机是由需要推动并为达成一定目标而引导、维持个体行为活动的内在心理过程和内部驱动力（张爱卿，2003）。在网络环境下，顾客参与各种不同的网络信息平台的动机是激发这些平台用户参与各项平台信息活动和使用平台各种功能的内部驱动力。Sheizaf（瑟扎夫，2003）在早期对 BBS 参与动机的研究中就指出，休闲、娱乐、实用以及学习是用户参与 BBS 虚拟社区的重要动机要素。

Schaefer（舍费尔，2013）在对 SNS 网站用户参与研究中指出，保持联系、重建联系、寻找新联系、搜寻信息、休闲娱乐、交流沟通以及管理关系等是驱动用户参与网站的主要动机因素。王慧贤（2013）曾指出，网络环境下用户参与动机是其行为的直接影响因素。国内外学者从不同角度对这种驱动因素进行了研究和探讨，Dholakia（多拉基亚，2012）等依据社会认同理论对不同形式的虚拟社区进行了研究，从个体层面和群体层面提出了驱动成员参与虚拟社区的因素。其中，个体层面包括信息目的、自我发现、人际关系维护、社会提升和娱乐价值五种动机，群体层面则包括群体规范和社会认同感两种动机；个体层面动机还将对群体层面动机产生影响，进而促进参与行为意向的产生（见图 3－1）。Wang（王）和 Fesenmaier（费森迈尔，2004）从社会心理学的角度对虚拟社区成员参与动机进行了研究，指出社区成员在参与过程中获得的利益和贡献动机是其参与社区活动的重要驱动因素。其中，成员参与社区可以获取四种不同的利益，分别是功能利益、心理利益、娱乐利益和社会利益；促进成员做出贡献的动机主要包括五种，分别是工具性动机、功效性动机、保证质量动机、获取地位动机和期望性动机。如图 3－2 所示。

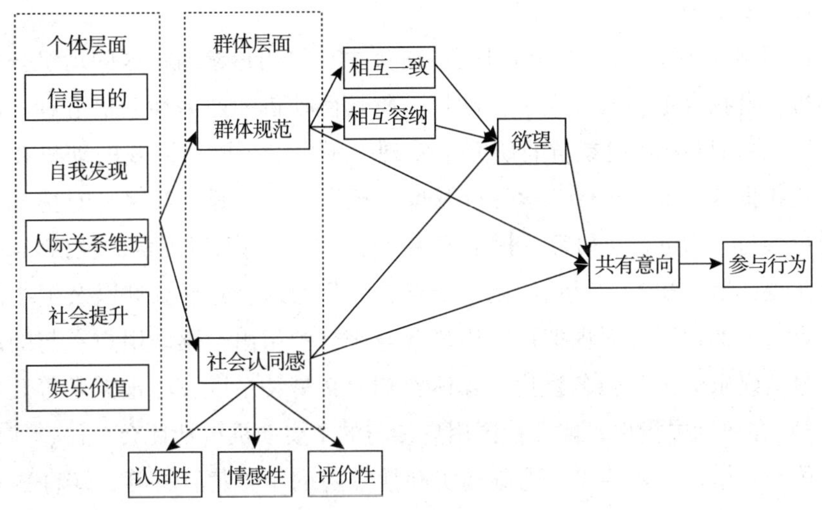

图 3－1　顾客参与驱动模型

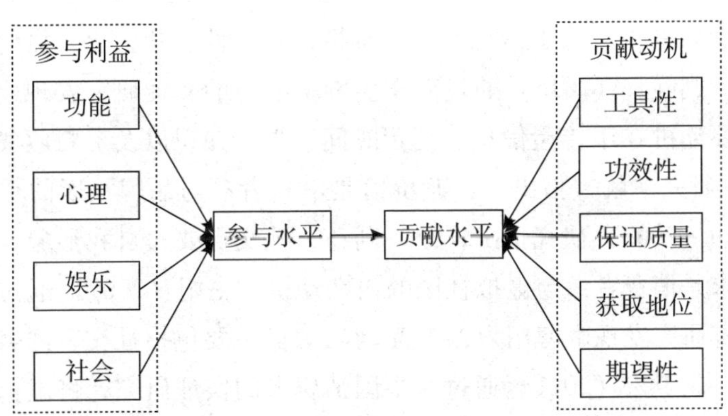

图 3－2　Wang 和 Fesenmaier（2004）提出的顾客参与驱动模型

Bishop（毕肖普，2015）认为从需要层次角度来解释消费者参与虚拟社区的动机并不合理，因为动机具有比较复杂的层次性；他从生态认知理论角度构建出了社区成员参与动机解释模型，认为成员的参与行为受到个人欲望的驱使，可将这些欲望分为生存欲望、命令欲望、报复欲望、社交欲望和创造欲望。胡银花（2016）在研究中发现，消费者参与虚拟品牌社区的动机可以总结为信息质量、参与回报、系统质量、关系互动等。

刘兴菊（2010）在对青年人参与SNS的动机研究中指出，交流沟通是青年人使用SNS的最重要的动机因素，还包括消磨时间、社会交往、社会补偿以及虚拟友谊等。

戴丽娜（2012）在对BBS社区的研究中，将用户参与社区的动机分为社交动机、自我肯定动机、娱乐性动机、监督性动机和匿名性动机五种。温华（2010）在对网络游戏参与的研究中发现，用户参与网络游戏的动机在于娱乐、自我肯定、匿名替代、学习以及逃避现实等。江源（2014）对虚拟社区的用户参与行为进行了研究，提出了多个用户参与的动机因素，包括归属感、自我实现、增长知识、娱乐休闲、新奇、人际沟通、分享意见以及解决问题等。李丹（2017）在对虚拟社区用户参与研究中指出，驱动用户参与的动机主要包括娱乐资讯、隐名替代、媒体影响、交易关系以及心理需求等。刘琦（2013）在研究中指出，虚拟社区用户参与的主要动机包括社会交往、守望等待、休闲娱乐、匿名替代、逃避现实和搜寻咨询等。黄昱凯等（2011）在研究中发现，获取资讯、进行交易、解决问题和社交娱乐是影响虚拟社区用户参与的重要动机因素。郭朝阳和郭惠玲（2013）在对虚拟社区的研究中指出，用户参与社区主要是基于信息性、工具性、娱乐性、社会化、强化社交五种动机因素。剧静宜（2015）通过对学生网络参与的实证研究发现，学生使用网络的主要动机在于传递信息、消费时间、学习知识以及资料收集。周志民（2005）在研究中就曾指出，让渡价值是消费者参与品牌社区的重要驱动因素。金立印（2007）研究指出，经济利益、社交需要、自我形象、信息娱乐等价值诉求是消费者参与虚拟社区的内在动机。王娟（2009）通过对微博用户进行调查研究发现微博用户参与互动的动机主要包括社交、匿名替代和消遣娱乐等。赵卫宏（2011）通过对中国消费者的实证研究，将虚拟社区参与动机分为搜索信息、获取优惠、关系互动、分享经验以及维护信息五种。王永贵（2013）依据实用—享乐理论对消费者参与虚拟社区的驱动因素进行了研究，将参与动机分为实用需求和享乐需求两类，并且还实证检验了两种动机因素对社区满意度的差异。

第二节　移动电子商务客户群分析

对于实施移动电子商务的企业来说，面对日益庞大复杂的用户群体，如何客观全面地评价客户价值，识别真正的价值客户，以便企业更好地实现客户管理是目前面临的难题。与任何新技术一样，移动互联网本质上也是新技术的推广与扩散过程。因此，移动互联网的发展遵循新技术扩散的一般规律，也就是说，无论是技术的成熟还是用户的接受，都需要一个循序渐进的发展过程。以互联网实验室常用的“技术消费者类型”为模式可将消费者划分为五种类型：创新采用者、早期采用者、早期大众、晚期大众和落后采用者。这五类消费者的采用时间大体服从统计学中的正态分布，并且构成了高科技产品的两大重要市场：早期市场和大众市场。如图 3 –3 所示。尽管这种划分并不精确，但为探讨移动电子商务的市场开拓提供了一种全新的思维方式。

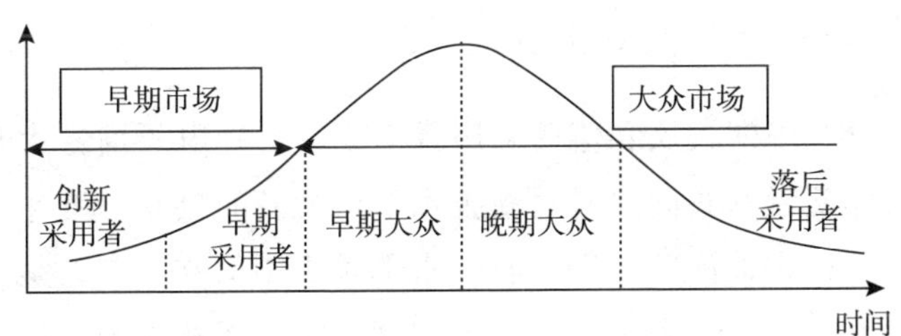

图 3 –3　高技术产品的消费者类型及两大市场

一、移动电子商务早期市场

早期市场的顾客主要由创新采用者和早期采用者构成。他们热衷于技术，或者能够预见这种新技术产品的市场潜力，属于用户群中的中高端客户，能为企业创造很大的利润。因为在长期的尝试过程中积累了大量的比较类知识，所以可以清楚地判定同类型的产品优劣，处于客观公平的第三方。全球最近出现 Smart Mobs（聪明的暴民）族，他们就属于移动电子商务早期市场重要的顾客组成。著名网络学者 Howard Rheingold（霍华・莱葛）为他们下了定义：他们是一群运用网络、手机等，互相沟通、串联并参与特定族群活动、做出实际行动的人，即将引发全球新一波消费文化革命。这股消费潮流不容忽视，许多知名企业也开始向他们靠拢。

（1）创新采用者。移动互联网热衷者，他们不是主流群体，而是一些爱钻研，也敢于尝试新技术的狂热分子，他们积极追求新产品，乐于探索新产品的新功能。他们具备一些共同特征：极富冒险精神；多为教育程度和收入水平较高的年轻人，是早期评估新技术、新应用的最佳人选。在新产品推广过程中，如果能找到这些人并针对性地开展促销和传播等活动，则是新产品推广成功的保证。该类采用者所占比例最少（2.5%左右）。

（2）早期采用者。他们是移动互联网的初期消费群体，与创新采用者相同的是，他们在产品生命周期的早期就对创新产生了浓厚的兴趣，相信移动互联网可以实现突破、带来变革。他们凡事讲求时效，想尽早享受新产品带来的利益，喜欢凭着直觉和感觉来购买产品，敢冒一定的风险。他们大多在所属群体中具有很高的威信，很容易取信于更大范围的客户，受到拥护和爱戴，在西方称之为“舆论领袖（Opinion Leaders）”。这类采用者大约占比为13.5%，是移动互联网应用能否积累用户规模、形成网络效应的关键群体。

二、移动电子商务大众市场

由早期大众、晚期大众和落后采用者构成的移动电子商务大众市场比较复杂。这三类消费者的共同点是对新技术、新产品的接受态度非常审慎甚至迟缓，并且需要很长的决策时间，收入水平属于中低端客户，是早期市场消费行为的跟随者。新产品采用者有五种类型，但相邻两组类型的消费者之间有分隔，早期消费者和早期大众之间也就是早期市场和大众市场之间形成了一条难以跨越的鸿沟。企业如果不能过渡到下一个类型市场，那么它就失去了到达大众市场的可能，从而也失去了获得高额回报的可能。

（1）早期大众。与早期采用者相比，早期大众对创新呈现出一定兴趣，但他们更为实际，需要客观了解移动互联网的实用性，是追求改善的务实者，除非移动互联网真正能解决实际问题他们才会使用，一般处于决策层。早期大众的普遍特征是：行动都经过深思熟虑、态度谨慎、决策时间长、社会经济地位尚可。他们在购买前需要收集大量完整的产品信息，消费行为模仿舆论领袖。早期大众所占比例较大，他们是消费的主流群体，吸引这部分群体将是企业盈利和发展的保证，因此研究他们的消费心理和行为具有重要意义。

（2）晚期大众。这部分采用者的采用时间较平均时间稍晚，不信任新技术，他们的选择往往依赖于从熟悉的人那里得到的非正式消息，所以多在产品进入成熟期后购买，属于保守主义者。其基本特征是：疑虑重重、行动迟缓。虽然对这类采用者进行市场扩散极为困难，但它同样是市场的主要消费群体，当产品步入成熟期后，利润下降，争取这部分消费者对 R & D（研发）值的积累还是有所帮助的。该类消费者和早期大众消费群体构成了新业务从快速成长到饱和阶段的用户市场。

（3）落后采用者。这类采用者占比约为 16%，是采用创新的落伍者，多在产品成熟期后期乃至衰退期采用。他们对新产品没有兴趣，可能是经济原因，也可能是个人性格原因。对于这一类型的采用者则不必重视。

移动购物过程与消费者行为息息相关、密不可分，Rebecca（丽贝卡，2000）等运用匹配法计算移动购物的倾向性指数，研究显示，移动购物影响消费者行为的机理主要表现在以下几个方面。

移动购物使全体消费者的订单数量都有所增加；移动购物使全体消费者的订单率都显著提高；相较于消费量较高的群体，消费量较低的群体在采用移动购物后订单数量和订单率的增长都更为显著，增长幅度也更大；移动购物的消费者更偏好购买习惯性消费品或经验产品。

目前的研究已经建立了一整套分析移动购物和消费者行为的理论框架，但是消费者行为是非常复杂的系统过程，消费者“黑箱”的决策行为以及移动购物后的满意度都深刻影响移动购物的发展和演变。可以从移动购物的消费者决策行为和消费者满意度两个方面进行分析。

（一）移动购物的消费者决策行为

消费者在移动购物过程的决策行为是极其复杂的，也是学者们研究的热点，如何打开消费者决策的“黑箱”，探寻消费者的购物动力源泉，在理论和实践上进行了较多的探索，许多学者利用现有的 TPB（计划行为理论）模型、TAM（技术接受模型）和 UTAUT（整合性科技接受模型）分析了移动购物。Mohamed（默罕默德，2008）分析了移动电子商务的特性，并据此改进了 TPB 模型，从直接和间接两个层面深刻揭示了影响移动电子商务中消费动机的因素。直接因素包括感知结果、态度、主观规范和知觉行为控制；间接因素包括成本、便利、隐私、效率、安全，间接因素作为中介变量又直接影响感知结果和消费动机，实证结果验证了这一改进 TPB 模型的稳健性和可靠性。

与实体商店、传统电子商务相比，移动电子商务和移动购物具有自己鲜明的特色，由于手机和智能设备的屏幕较小、运算速度较慢，消费者往往在手机购物时选择较为简单的商品和服务，进行相对简单的购买决策行为，这一点也被 Moutusy（墨西，2014）所证实。当然，随着移动电子商务的软硬件和基础设施环境的不断完善，移动电子商务的购物决策也越来越复杂，与实体商店和传统电子商务的决策程度日趋相似。Sinda（辛达，2015）运用了最常见的 TAM 构建了消费者移动购物消费动机的概念模型（见图 3－4），模型假设消费者在移动购物时感知易用性会直接影响感知有用性，也能通过影响感知享受间接影响感知有用性。所有这些心理感知因素直接影响消费者移动购物的使用动机，同时通过影响消费者满意度间接影响使用动机。

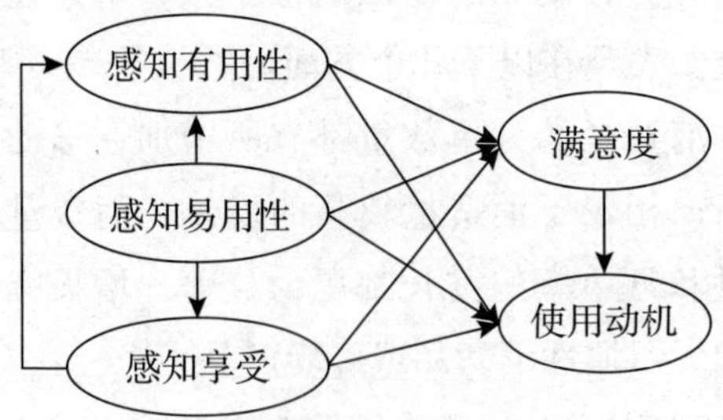

图 3－4　移动购物的使用动机

问卷调查的研究支持了这些假说。关于移动购物消费者行为的基础研究被学者沿着两个脉络展开，一个是将移动购物消费者群体具体化，研究各个细分人群的独特动机；另一个是将移动购物消费者和非移动购物消费者进行对比，探索移动购物消费动机。Jiunn（久恩，2004）特别探索了在移动购物中老年消费群体的决策行为，研究发现，相对于年轻消费者，中老年消费者购物动机的强度较弱，主要受期望效果和社会群体的正向影响，购物风险和传统购物习惯则是主要的负面因素，而年轻消费者往往忽视这些因素。

Patricio（帕特里西奥，2015）等研究了移动购物过程中性别差异影响，并且差异将通过消费者使用不同的手机系统（主要是安卓系统和苹果系统）体现出来，男性群体中使用苹果系统的消费动机显著高于使用安卓系统，与之相反，女性群体的移动购物动机与操作系统的差异几乎没有相关性。与研究细分群体的移动购物消费者行为不同，部分学者更加关注移动购物消费者与非移动购物消费者的对比。Kiseol（基西奥，2012）运用多元判别分析法

（Multiple Discriminant Analysis）来分析消费者在移动购物中的消费动机，得出了他们选择移动购物的主要动机组成，包括理念、效率、体验和满足感，这些与非移动购物（传统实体商店和传统电子商务购物）决策显著不同。

Sinda（辛达，2014）也得出了类似的结论。将现有的具有代表性的移动购物消费者行为研究进行了梳理。另外，Michael（迈克尔，2014）提出移动购物的供应商对移动购物的消费者决策的影响主要有两个方面。

一方面，如果消费者对移动购物的供应商有信心，会减少购物的不确定性和风险；另一方面，消费者对移动购物的供应商的信心是他们再次购物的动机。消费者在移动购物决策中除了动机因素影响外，移动购物的技术支持和信息保障也极为重要。

决策支持系统（Decision Support Systems，DSS）作为消费者移动购物过程中使用的有效工具被学者们进行了深入分析，当消费者购买的产品涉入程度较低时，如在便利店购买矿泉水等，DSS 的使用比重较低，随着产品涉入程度越来越高，DSS 的使用比重越来越高〔Karaatli（卡拉特利），2010〕，当产品涉入程度非常高（如购买数码相机）时消费者倾向于借助决策支持系统工具，甚至会愿意支付产品价格的5%作为代价了解产品信息和其他有价值内容。移动推荐系统（Mobile Recommender Systems，MRS）也对消费者移动购物决策产生重要影响，移动推荐清单包括推荐产品目录、服务、订单和供应商网络等，这些推荐清单可以通过大数据和数据挖掘算法与消费者地理位置、购物清单、历史购物记录、浏览行为、对网络广告促销等的反应进行关联获取。

移动购物导航系统通过 RFID 或者 Wi－Fi 可以显著降低消费者的搜寻成本，提高消费者购物效率，有研究显示搜寻成本最低可以降为原有的1/3，这种购物系统不仅可以在移动商店中发挥作用，也可以在 O2O 的实体商店中产生影响。上述移动购物技术支持能够有效降低消费者在移动购物中的交易成本，特别是信息搜寻成本，同时提高消费者决策效率。从现有学者所做的研究可以发现，国内外学者关于移动电子商务和线上购物的消费者动机研究已经较为成熟，但尚缺乏原创性的理论模型，多把现有的非常成熟的模型进行适当变化，或者修正模型背景，或者加入移动购物中特有的控制变量，这样的研究结论能够从某些角度较好地分析移动购物行为，但是未来这一领域的研究仍然可以从横向和纵向两个方向拓展。从横向方面来说，可以将性别、年龄、购买经验、不同国家和地区的因素考虑进来，进行探索性和实证性对比研究，分析各个因素对消费者移动购物的内在影响；从纵向方面来说，Rebecca（丽贝卡，2015）等指出未来的研究可以把消费者动机与实际的行为结合起来。并考虑设置一些控制变量或间接因素使现有研究更加贴近现实消费者购物决策行为，构建更为模拟现实的、完善的移动购物消费者决策行为模型。

（二）移动购物消费者满意度

随着移动购物的蓬勃发展，研究移动购物中的消费者满意度具有十分重要的现实意义，传统电子商务关于消费者满意度（C－satisfaction）和消费者忠诚度（C－loyalty）的研究已经非常深入，移动电子商务中满意度和忠诚度可以相应地被称为M－satisfaction（移动购物满意度）和M－loyalty（移动购物忠诚度），表面上看两者似乎没有本质区别，但是考虑移动购物主要通过智能手机等移动终端进行，两者还是有很大不同。Jeewon（吉元，2008）等在移动电子商务背景下，分析了韩国消费者移动购物满意度的影响因素，对电子商务消费者和移动电子商务消费者这两个消费群体进行对比，并用大数据技术做出了影响消费者满意度的关系图。Jeewon（吉元）认为，交易过程和客户服务是电子商务和移动电子商务中影响消费者满意度的因素，移动电子商务中的易获得性和移动电子商务服务的价格是其特有的影响因素。Kem（凯姆，2015）等研究了社交购物中的品牌忠诚度，以微博的实证结果为例，品牌忠诚度主要受关系质量的影响。

消费者与品牌的关系质量可以从三个方面对其进一步加强：自我因素（即自我和谐）、社会因素（即社会规范）、企业的品牌页面（即信息质量和互动性）。

研究结果表明，以下这些方式可以使消费者更容易对社交购物产生信任，提高满意度：第一，品牌的自我概念和品牌形象之间能够很好地匹配；第二品牌形象符合消费者的社会期望；第三，在品牌页面获得高品质的信息；第四，公司与消费者积极互动。此外，消费者对品牌的满意度提高后，将影响消费者重复购买其产品，并向他们的朋友推荐此品牌。这些结论已经被很多学者证明是可靠稳健的，但和电子商务的消费者满意度一样，性别和年龄以及经验会对移动购物的消费者满意度产生影响。零售商们通过实践发现，连接移动零售服务和某个品牌的产品有助于提升客户的满意度，并有助于消费者通过手机零售重塑他们的消费价值观。Harvir（哈韦尔，2004）等曾对电子商务中消费者满意度研究，认为客户服务对消费者满意度的影响很小，但是如果客户服务不好，会对消费者的不满意度影响较大。有趣的是，有学者在移动电子商务中得出了相反的结论。Wu（吴，2013）把消费者的线上购物经验和消费者满意度结合起来，假设检验结果显示消费者之前的购物经验对消费者满意度和消费者的抱怨倾向影响不显著。Sonia（索尼亚，2015）等考虑了年龄对移动购物的影响，把消费者分为25岁以下的年轻消费者和25岁以上的成人消费者，年轻消费者更加注重娱乐性，如多设计一些互动、图片以及视频等。

成人消费者则更加注重亲友推荐，或者社会舆论影响。虽然国内外学者考虑在移动购物背景下，年龄和购物经验对消费者满意度的影响，但是目前没有学者分析对比过不同国家之间，移动购物中的消费者满意度否有差异。也较少考虑消费者的性格、收入、移动互联网技术对消费者满意度的影响。

消费者满意度的调查多数基于调查问卷收集的数据，所以设置的问题可能会使消费者产生歧义，从而影响检验结果。未来的研究可以把消费者的性格、收入、移动互联网技术、不同国家和地区等考虑进来。

第三节　移动电子商务客户心理特征

消费者的消费行为是由消费心理引起的，因此，要想引导消费者进行移动互联网消费行为，就需要分析消费者的移动互联网消费心理。

一、求异心理

求异心理，就是指消费者在购买商品时，追求标新立异、与众不同、个性化的消费心理。据调查表明，移动互联网的消费者大多具有较高的学历或较高的收入，而且以年轻群体居多。这类消费者想象力丰富、渴望变化、喜欢创新、个性鲜明、充满好奇心、易接受新鲜事物，因此移动互联网消费者大多存在求异心理。

而移动互联网消费的出现，使得消费者可以选择的商品范围大大扩大，且没有时间限制，这些消费者只要刷一刷微博、看一看微信的朋友圈、装一个App，就可以很快知道更多、更新、更流行的商品信息，这也为消费者求异心理的满足提供了更多可能。

二、求便心理

求便心理，就是指消费者在购买商品时，追求方便快捷的消费心理。

现如今，人们的工作和生活压力增大，生活节奏不断加快，人们的时间变得异常珍贵，同时，虽然现今的实体零售商场商品琳琅满目，却反而让消费者购物费时费力，也让消费者选择困难。因此，能够节约时间和节省体力的消费形式，日益受到消费者的青睐。而移动互联网购物形式的出现，正好满足了消费者的求便心理，满足了移动互联网时代消费者时间、空间碎片化的需求，移动互联网购物可以让消费者随时随地浏览商品信息，随时和零售商客服进行咨询和联系，随时下单，而且能够送货上门。

三、求实求廉心理

求实求廉心理，就是指消费者在消费时讲求经济实惠，追求物美价廉，既注重商品质量和功能，也很在意价格，对打折的低价商品很感兴趣。

在现实生活中，消费者在购物时，总是要货比三家，通过多一些的比较，来买到相对划算和适合的商品，满足消费者求实求廉心理。而消费者通过移动互联网进行消费，更是因为其能够满足消费者的求实求廉心理，移动互联网提供了更多的商品信息，为消费者提供了更多的挑选空间，让消费者能够更好、更方便、更多地比较商品。

此外，由于网络店铺少了店铺租金、税收，省去很多人力、物力成本，所以很多网上的商品要比实体店便宜很多，而且很多网络购物还有红包赠送，这些都满足了消费者的求实求廉心理。

四、求趣心理

求趣心理，就是指消费者在消费时追求刺激有趣的消费心理。现今社会，来自工作、生活、学习的压力越来越大。

购物已成为人们减压和带来生活乐趣的一种重要生活方式。同时，网络上商品的多样性和经常性的促销商业手段，也让消费者在购物时感觉到挑选商品和购物的趣味性。如今，移动互联网购物已成为被消费者所喜爱的新潮、高效、趣味性的购物方式，也逐渐演变成消费者一种个性化的生活享受方式。

五、从众心理

从众心理，就是指个人在外界人群行为的影响下，使自己的知觉、判断和认识与多数人取得一致的行为方式。移动互联网消费群体多是年轻群体，这些年轻人都有自己的生活圈子，有自己的网络朋友圈，当圈子里的人都在进行网上购物或购买某件商品时，势必会引起他们的从众消费心理，就像“双十一”的购物狂潮一般。

此外，消费者喜欢去买那些网上好评率高或人气高、销量高的商品，这都是移动互联网消费者从众心理的反映。

移动电子商务的兴起和发展，特别是现代智能移动终端 App 的持续更新和不断推广，给社会的进步、经济的增长、企业的运营和人们的生活带来了深远的影响和翻天覆地的变化。广大移动电商的参与主体可以借助智能手机、平板、PDA 等，针对企业和企业、企业和消费者、消费者和消费者以及线上与线下之间在较为宽松的时间、较为便利的地点完成商品交易和消费行为。因此，移动电子商务在移动互联网的背景下，其自身有着传统电商无法比拟的优势和特质，具体表现在以下三个方面。

（1）日益丰富的智能应用，简捷高效的使用体验。随着移动支付 App 的推广普及，比如微信、支付宝等支付类 App 软件的广泛使用和深入人心，可以使广大参与主体通过智能移动终端在线完成水、热、电、煤、气等公用事业费用的支付，并且在使用过程中，广大顾客感受和体验到了 App 的简单便利、灵活多样、快捷高效，极低的支付的门槛和成本给广大用户带来经济和实惠。广大电影迷可以在移动智能终端完成电影院的预约购票选座，不用去电影院排队。许多经常出差的政商从业者足不出户，便可以通过移动智能终端 App 软件提前查询和订购火车票及飞机票，省去了在火车站、飞机场现场排队购票的麻烦，在目的地的交通出行中可以通过滴滴、快的打车等 App 软件进行提前或现场预约，真正地实现了省事、省时、省力，极大地节约了成本，为人们的日常出行提供了便利。

（2）不受时空约束，拥有庞大的参与主体和顾客群体。由于移动通信网络技术的进步，无线网络的发展，智能移动终端设备的普及和移动电子商务 App 软件的不断开发，使得移动电商有着很好的硬件基础和技术支撑。伴随着智能移动终端App软件智能应用的不断丰富，人们逐渐摆脱了固定的时间和地点的约束，可以随时随地通过使用更多样的平台软件或者应用，直接获取自己所需的信息，这样能够满足不同消费者的潜在需求，广大消费者既是消费群体也是传播群体，客观上大大拓宽了移动电商的消费群体和消费层面，使得参与的主体也更加广泛。

（3）突破固有营销思维束缚，引领新型移动消费的潮流。移动电商的营销方式打破了传统的固有营销思维的束缚，在移动互联网的时代背景下，其营销更加简捷、实时、有效、精准。这种优势尤其表现在基于位置服务（LBS）的营销上，比如在旅游、购物和餐饮方面，广大消费者偏好于通过移动电商平台App软件来搜寻目的地附近的产品或者服务信息，并对其进行准确定位和系统分析评价，广大移动电商可以根据消费者的使用习惯和消费偏好，结合大数据分析和智能移动设备App的开发，将相关产品或者服务信息及时有效推送给消费者，从而增加营销的实效性和针对性，准确把握消费者的潜在和隐性需求，进而稳固移动电商的利基市场，拓宽移动电商App的消费群体和营销渠道，塑造和强化自身的核心竞争优势。此外，移动电子商务的出现，使得消费者改变了原来传统的购物方式和体验，人们可利用闲散零碎的时间，随时随地、省时省力地完成交易行为，并且逐渐形成新潮的消费习惯和方式，享受更为优质的产品和服务。

综上可知，在移动互联网普及的背景下，移动电子商务（简称移动电商）自身有着传统电子商务（简称传统电商）无法超越的优势，能实现新潮便利的用户体验、及时响应的物流体系、精准的云端大数据分析、快速周转的稳定现金流，极大地促进了移动电商市场的快速扩张和高速发展。尽管如此，移动电商也有自身的问题所在，如个人数据的隐私泄露、智能移动终端App软件的稳定性和安全性，冲动型消费偏好等。

由此可知，随着移动互联网规模的日益庞大、智能移动终端设备App的丰富更新、移动购物市场的逐渐完善、移动电商模式的日臻成熟以及广大顾客群体新兴购物潮流与消费习惯的养成，移动电子商务已经步入了新的发展轨道和层次，极大地推动了移动电商与大数据信息流的交互、硬件基础与软件应用的统一、线上运营和线下实体的互补交融。移动电商打破了传统的电商格局，在电商模式和布局上重新洗牌，使得电商竞争更加充分有序，资源配置更加优化合理，实现了迅猛成长、快速扩张，移动电商发展步入了移动互联网产业的新纪元。

中国的移动互联网购物快速发展有以下几个原因。

（1）移动互联网购物的移动化、个性化、碎片化的特征已经充分展现，而这种适应越来越快的生活节奏的特征，让更多的客户更加容易接受和掌握，以此带动了移动互联网购物群体的不断增长。

（2）智能手机、平板电脑等被接受并快速普及，为移动互联网购物打下了坚实的物质基础。

（3）在市场逐步形成的初期，各大主要电子商务平台和企业看到了市场先机，对移动终端和移动应用进行了大量投入和市场推广，这一行为也大大推动了移动互联网购物生态环境的发展。

（4）支付是最重要的环节，移动购物市场的兴起带动技术的成熟与优化，客户将更加信任，这意味着在构建移动购物市场的闭环上迈出了一大步。

第四节　移动电子商务环境下消费者行为特征

移动互联网是一个含义非常广阔的概念，它既是产品也是技术，各式各样的移动数据业务都可以涵盖其中。移动互联网决不仅是固定互联网的简单和单纯延伸，而是为消费者打开了一个全新的体验世界，提供了更加丰富的应用和新鲜的服务。

网络消费者行为研究，是网络环境下消费者行为理论在网上交易活动中的运用，因此消费者行为理论是网络消费者行为研究的理论基础。广义的消费者行为从整个环境资源来分析研究人类消费行为，狭义的消费者行为学则从市场营销人员的角度来分析研究消费者行为，并被定义为消费者为获取、使用、处置消费物品和服务所采取的各种行动，包括先于且决定这些行动的决策过程。以下研究基于狭义的消费者行为学概念。互联网的出现使人们的消费观念、消费方式和消费的地位正发生重要的变化。同时，网络消费者的心理、行为及需求与以往相比呈现出新的特征和趋势。

一、主动性消费增加

网络环境下的各类搜索引擎让人们无须走出家门就可做到货比三家。网络环境下消费者会主动地获取商家、产品、市场的一些信息以及指导消费行为并将其作为经验积累。而且网络消费者会积极主动与商家取得联系并产生购买行为。因此，在网络环境下，人们的认知来源更加丰富，消费者通过搜索引擎可以更加方便地搜索信息，使得主动性消费增加。

二、信息沟通趋向互动

互联网时代，营销中参与者的信息沟通模式发生了变化，消费者的角色也随之发生了变化。传统营销下的信息沟通模式是一对多，即信息的传递是单向的。而网络环境下的信息沟通模式既包括一对一模式，也有多对多模式，信息沟通的过程是互动的。在网络环境下，不论是消费者还是企业，既可以是信息的发布者，也可以是信息的接受者。因此，企业与消费者的关系正从“独白”转变为“对话”。

三、热衷信息的传播和分享

互联网作为信息沟通工具，正成为许多兴趣、爱好趋同的群体聚集交流的地方。人们根据自己的喜好，建立不同的网上虚拟社区。消费者喜欢在博客和虚拟社区上，分享自己的购物经历，与网友一起讨论产品的使用感受。与传统的营销方式相比，开放透明的互联网口碑营销有时更有效果。因此，在网络环境下，Web 2.0（第二代互联网）带来了传统媒体无可取代的全新传播理念，即以生活者为主体进行传播，消费者不仅可以通过网络主动获取信息，还可以作为发布信息的主体，与更多的消费者分享信息。

四、业务的个性化

移动互联网业务创造了一种全新的个性化服务理念和商业运作模式。针对不同用户群体和个人的不同爱好和需求，为他们量身定制出多种差异化的信息，并通过不受时空地域限制的渠道，随时随地传送给用户。终端用户可以自由自在地控制所享受服务的内容、时间和方式等，移动互联网充分实现了个性化的服务。

五、使用人群的时尚化

爱立信消费者实验室的研究结果把移动电子商务环境下的消费者分为五

大类。第一类是“开拓者”，这类人喜欢新技术，愿意付出较高的代价去购买最新的产品；第二、第三、第四类分别是“社会型”“成功者”和“物质主义者”，这些人也喜欢新技术，但是他们迟迟不愿意购买最新的产品，要等第一类人用了一两个月之后，才会去了解好不好用。如果得到了肯定的回答，他们才会去购买。第五类就是“传统型”，尤其是老人，他们对新的技术不太容易接受。可以看到，当一项新的移动互联网应用出来的时候，开始用的就是第一类人。这类人占整个消费群体很少的一部分。即使这些技术或内容并不很好用，他们也会使用，可是这样就不太容易去影响第二梯队的人群。

中国移动互联网用户的情况与爱立信的研究相似，具体特征如下。

（1）年轻人主导目前的市场，消费群体分布在 16 ~ 28 岁，移动互联网的用户以年轻人为主，这意味着，年轻人才是移动互联网的主流力量。对运营商而言，谁能争取最多年轻人的加入，谁就占领了市场的制高点。

（2）男性占据了绝对优势，比例达到了 85. 97% 。这个调查结果直观反映出男性更容易主动接受移动互联网这个新事物，但进一步分析，目前移动互联网与传统互联网的性别结构出现如此差异，可能是因为移动互联网在操作的简便性和内容设置上存在一些缺陷，阻碍了女性消费群体的加入。

（3）主要消费群体集中在中低收入阶层，而不是传统的高端用户。中国移动互联网的年龄普遍偏低，主要为中等收入人群，无收入的主要是学生，占比为 36. 39% ，而收入为 800 ~ 3000 元/月的用户，占比为 45% ，收入超过 3000 元/月的用户，占比为 10. 64% 。这充分说明，运营商根据收入划分的高端用户，并不是移动互联网的主力。

（4）高知不是手机上网的主流群体。参与调查的用户中，中学学历为 44. 02% ，大专学历为 31. 05% ，本科为 24. 46% ，硕士及以上仅为 0. 44% ，连 1% 都不到。这很可能是由于目前移动互联网严肃的商业应用较少，偏于娱乐化所导致的现象，学历高的人往往认为这些“太小儿科”。此外，该调查也反映出中国目前的基础教育水平仍然较低的现实情况。

六、体验消费特征凸显

移动互联网是一种新技术，消费者对移动互联网业务具有很强的好奇心，同时也有一定的担心和疑虑。同时，对于电信业务而言，消费与服务过程合一，因此，对于移动互联网业务的推广而言，体验具有举足轻重的影响力。

具体表现在：一旦经历良好的业务体验，就很容易产生购买冲动，现场可支付的特点使交易容易达成。而一次的失败体验也会给用户带来长久的不良感受，很难再达成交易。

七、路径依赖成为阻力

虽然移动互联网是一种新业务，但却有固定互联网这一“孪生兄弟”作为对比。两者在功能性有一定的相似之处，但是使用方式却有着很大的差别。对于消费者来说，先入为主的固定互联网已经形成了一种使用习惯，成为一种路径依赖，若让消费者使用移动互联网，则需针对访问方式、提供内容、输出界面、收费方式等进行一系列的改变，从而打破原有的路径依赖。这会是影响移动互联网消费的一个重要因素。

第五节　消费体验影响分析

进入消费经济时代，消费体验在消费过程中具有越来越重要的作用。正如哈佛商学院教授杰拉尔德指出，由全程体验形成的感受和情感因素对顾客的购买偏好和刺激的影响远比产品和服务本身的功能性感知要大得多。在服务业中，消费体验的作用尤为明显。因为服务具有二重性，即作为结果的服务和作为过程的服务，而顾客价值基本上是在对服务过程的体验中形成的，因此服务品牌的价值主要取决于顾客在服务过程中的体验，并受顾客体验的驱动。

一、消费体验的维度构成

（一）Holbrook（霍尔布鲁克）提出的4Es观点

Holbrook（霍尔布鲁克，2000）从消费体验相关文献中汇总了四项消费体验维度——体验（Experience）、娱乐（Entertainment）、表现欲（Exhibitionism）、传递愉快（Evangelizing），简称为4Es，4Es涵盖的运作形式相当广泛，包含了四大构成及十二种类型。

表 3－1　　4Es 运作形式

Experience（体验）	Entertainment（娱乐）	Exibitionism（表现欲）	Evanglizing（传递愉快）
Emotions（情感）	Excitement（兴奋）	Express（表达）	Evince（证明）
Enjoyment（享乐）	Ecstasy（出神入化）	Expose（暴露）	Endorse（背书）
Escapism（逃避现实）	Esthetics（美学）	Enthuse（热忱）	Educate（教育）

（二）Csikszentmihalyi（希克森特米哈里）提出的心流体验

Csikszentmihalyi（希克森特米哈里）提出的心流体验（Flow Experience）是消费体验理论中引用最多的概念之一。Csikszentmihalyi 将心流体验定义为个体完全投入某种活动的整体感觉，当个体处于心流体验状态时，他们完全被所做的事深深吸引，心情非常愉悦并且感觉时间过得很快。Csikszentmihalyi（2003）根据技巧和挑战两个细分变量对体验进行区分，而心流体验具有最丰富的心灵能量，发生在当技巧及挑战都最高的时候，心流体验是最佳体验，也是最值得的体验（见图 3－5）。当人们在进行活动时，如果完全投入情景当中，集中注意力，并且过滤掉所有不相关的知觉，即是进入一种心流的状态。心流是一种暂时性的、主观的体验，也是人们为什么愿意继续从事某种活动的原因。

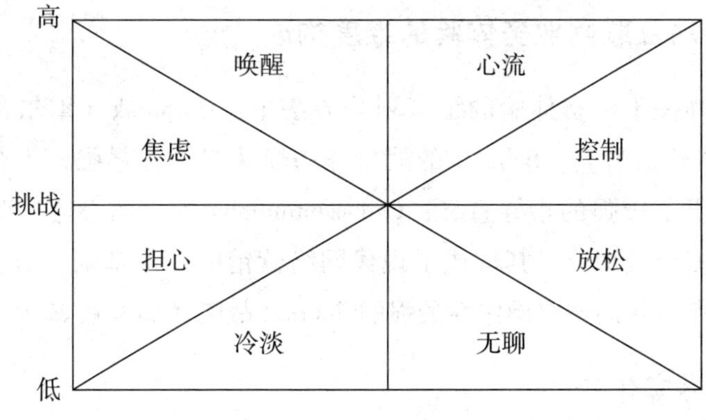

图 3－5　心流体验

Csikszentmihalyi 概括了心流体验的九个特征，即清晰的目标、即时反应、个人技能与任务挑战相匹配、行动与知觉的融合、专注于所做的事情、潜在的控制感、失去自我意识、时间感的变化和自身有目的的体验。

依据心流体验产生的过程又将这九个特征归纳为三类条件因素，包括个体感知的清晰目标、即时反馈、挑战与技能匹配，只有具备了这三个条件，才会激发心流体验的产生，体验因素即个体处于心流体验状态时的感觉，包括行动与知觉的融合、注意力集中和潜在的控制感。

（三）Schmitt（施密特）的战略体验模块和张红明的体验五维系统分类法

Schmitt（施密特，2007）从心理学的角度对消费体验进行分类，提出五项体验形态，即感官体验、情感体验、思考体验、行动体验和关联体验。感官体验是指由视觉、听觉、嗅觉、味觉及触觉形成知觉刺激，以形成美学的愉悦、兴奋与满足情感体验，其可由正、负面的心情及强烈的感情构成，而且接触互动及消费期间的情感最为强烈，思考体验可通过创造惊奇感、诱发及刺激而产生，以吸引消费者注意、引发好奇心及激发刺激感，行动体验可通过创造身体感受行为模式、生活形态及互动关系而形成，消费者可通过行动展现自我观感及价值关联体验与文化价值、社会角色及群体归属有关，通过创造消费者想要参与的文化或社群，为消费者建立一个独特的社会识别。

与 Schmitt 的战略体验模块类似，张红明将体验系统分为五方面，即感官体验、情感体验、成就体验、精神体验和心灵体验。

二、移动互联网业务体验的维度构成

上述三种关于消费体验的维度划分方法中：Holbrook（霍尔布鲁克）的 4Es 理论学术价值最高；Schmitt 的战略体验模块操作性最强，为企业的体验营销实践提供了较强的指导意义；Csikszentmihalyi 提出的心流体验是最具研究潜力的维度构成理论，其构成了现代网络营销的理论基础。结合移动互联网的体验特点，我们选取操作性最强的 Schmitt 战略体验模块。

（一）感官体验

感官体验是指通过视觉、听觉、触觉、味觉与嗅觉建立起感官上的体验，这样的感觉往往会直接刺激消费者而激发顾客的购买欲并使商品产生溢价，这是最基本的体验。

对于移动互联网业务而言，感官体验主要包括友好的界面设计、美工的视觉冲击、音效的影响、输出屏幕的大小、键盘触感及输入法的体验等。

（二）情感体验

情感体验是情感与情绪的集合，是指消费者希望能够从产品中获得的自我表达、自我实现的需求和情感归宿。主要包括亲情、友情、爱情等。在移动互联网业务中的情感体验可以分为在业务中的情感体验、营销手段中的情感体验和在服务中感受到的情感体验。业务中的情感体验包括移动互联网的应用中是否为消费者提供了表达情感和获得情感满足的模块，如社区、博客等营销手段中的情感体验是指运营商在进行移动互联网业务营销推广的时候是否设计并强化了情感概念，如移动互联网是亲情更紧密的纽带、移动互联网能带来更多的朋友等。服务中感受到的情感体验是指在运营商提供服务的过程中，消费者是否感受到亲切和尊重。

（三）思考体验

思考体验是智力的开发和运用。主要是指商家的创意引发消费者的兴趣和对问题集中或分散的思考，消费者从中获得创造认知和解决问题的体验。移动互联网业务的科技含量较高，因此消费者比较容易获得较好的思考体验。移动互联网业务中的思考体验主要体现在由移动互联网业务的功能性所引发的好奇和思考，以及层出不穷的新业务带来的新奇和刺激。

（四）行动体验

行动体验是指商家通过偶像、角色来激发消费者，消费者感受到做事方法的、生活形态的、生活精彩程度的改变等，这种生活形态的改变是激发或自激发的，且也有可能是由偶像角色引起的。

对于移动互联网而言，相较于一些快速消费品，这方面的影响体现较弱，主要体现在角色功能，如炒股、移动办公等方式方法的改变，明星使用开辟了一条独有的与偶像接触的通道以及服务人员的示范性讲解带给用户的新感受等。

（五）关联体验

关联体验包括感官、情感、思考与行动的很多方面，主要有两种表现，一种是从多种产品的关联中获得的体验，另一种是感觉到自己与一个较为广泛的社会系统、一种亚文化、一个群体等产生了关联，从而得到不同的良好体验。

对于移动互联网业务而言，基于产品组合的关联体验主要体现在基于移动互联网的各种移动数据业务能够全面满足消费者的需求，给消费者不同的体验和刺激，彼此相互裨益、相得益彰。通过群体关联而产生的体验表现在通过使用移动互联网业务结识了新的群体或与原有的某个群体有了更紧密的沟通和融合，从而产生愉悦的感觉和满足。

第六节　移动购物与技术行为

移动互联网使用户更加随心所欲地享受移动购物带来的便捷。实时的移动互联网技术正在改变搜索过程，而且整合了消费者过去的购买信息来推测他们的购买决策。移动购物中的生产者为了更好地提供服务，通常需要用户提供位置信息或其他的个人信息。因此，移动购物中安全和隐私问题显得更为突出。

一、隐私行为

移动电子商务和PC电子商务中的隐私问题有较大相似性。APCO（公共安全通信协会）模型是从经历（Experience）到隐私问题（Privacy Concerns）到结果（Outcomes）的一个传导机制。相比电子商务，移动电子商务有它独特的优势和挑战，例如，它能随时随地为用户提供便利，且智能手机具有身份跟踪能力，从而泄露更多的个人信息，包括位置、设备数据、IMEI（国际移动设备识别码）、ICCID（集成电路卡识别码）、SIM卡（用户身份识别卡）、数据、社会关系、生活方式、偏好以及行为习惯。这些特殊的挑战将是移动电子商务和移动购物健康发展的阻碍。Lee（李，2016）在此基础上，将消费者对隐私的感知水平分为四个群体进行研究，包括无关组、个性化导向组、隐私导向组和矛盾组，令人惊奇的是，矛盾组的持续使用意图是最高的。

有学者对不同国家移动电子商务的隐私问题进行了比较分析，发现由于国别不同，消费者对隐私问题有不同的看法，且不同国别环境影响了消费者采取保护隐私的措施，因为不同国别的消费者所感受到的和实际的隐私威胁不一样。邓晓懿（2013）对比研究了在移动电子商务背景下，美国和韩国消费者隐私问题的联系和区别，研究结果显示，美国的受访者更频繁地使用电子邮件和移动支付。但无论是韩国还是美国，调查显示有相当大比例的用户使用他们的移动设备来从事商务活动。由于文化差异明显，美国用户对信息隐私的关注明显超过了韩国移动用户，有趣的结论是：样本显示消费者对隐私问题的关注和年龄呈正相关，年龄越大的消费者越关注隐私问题。用户在最初几年使用智能手机时，对隐私问题非常谨慎。

随着时间的推移，用户对隐私问题的警觉和关注渐渐淡化。还有学者从技术角度上，提出了消费者线上购物的解决办法，就是在 RSA 加密算法的基础上，设计盲解码来解决消费者线上购物中的隐私问题。移动电子商务中的隐私问题比电子商务更为严重的原因是：智能手机增强了身份跟踪能力，却处于一种较弱的监管环境中，以及智能手机在安全执行中存在漏洞。这些都会对消费者隐私造成威胁。

Anil（安妮）和 Tansu（谭苏，2015）曾用博弈论分析移动电子商务中的隐私问题，移动电子商务公司与用户进行位置服务的博弈竞争，生产者可以通过激励消费者来获取消费者的位置信息，激励手段设计决定了隐私机制的设计，消费者报告他们的空间位置与其他重要信息，生产者按照信息重要程度进行相应补贴。

上述研究大多从移动电子商务或线上购物的角度来研究消费者的隐私问题，目前还没有学者针对移动购物中的隐私问题做过研究。未来研究消费者隐私问题时，可以把消费者的隐私经验、隐私意识、个人差异、文化差异如何影响消费者隐私考虑进来。在研究个人差异、文化差异对移动购物中的隐私问题的影响时，要注意样本的广泛性和客观性。

二、安全行为

移动购物中主要包括支付安全、移动终端安全、无线应用安全、移动电子商务平台运营漏洞问题。移动购物的风险从打开网站那一刻起就有可能发生，消费者可能需要打开不同的购物网站，最后选定一家网站进行购买。在购买之前还要输入个人信息，例如，信用卡号和地址。这些行为都加剧了线上购物的风险。而移动购物中的安全问题显得更为突出，而且也体现在多种层面和多种角度。Antonia（安东尼亚，2016）等研究探讨了网上供应商和移动支付供应商的声誉如何影响消费者的交易意向。研究表明，不同的供应商能够通过合作，最大限度地参与电子商务交易活动。网上供应商可以通过嵌入一个值得信赖的移动支付服务提供商从而提高消费者的交易意愿。相比之下，信誉良好的网上供应商不受益于整合移动支付供应商，因为消费者已经相信信誉良好的在线供应商。

Rakhi（瑞克，2015）指出互联网用户对网上支付系统缺乏信任可能会阻碍网上购物的进行。大多数电子零售商已经将常见的技术安全防护措施应用于电子交易。在全面推进的过程中其与电子交易是不同步的。印度的现状可以解释这一现象，印度80%的交易都以现金支付，而不在网上付款。这是由于印度的客户不信任网上渠道分享给他们的个人银行的详细信息，而是在收到货物时以现金支付方式付款。所以，让消费者们意识到手机上的支付安全问题是很有必要的，因为消费者在使用手机与供应商交互时存在很多风险和不确定性。因此，电子商务公司可以在控制、认证系统以及付款方面采取安全措施。当消费者认为他们的个人信息受到保护时，会感到更加安全和自信。

Mehrbakhsh（梅柏科，2015）等用对比矩阵法验证了这一观点，结果表明专家认为安全功能和隐私策略声明在移动电子商务的安全问题中占很大的比重，权重分别达到了48.8%和28.3%。这意味着移动购物网站的管理者们应该更加重视安全功能和隐私策略声明问题。此外，公司使用认证授权系统可以阻止其信息资产未经授权的访问。除了在公司层面给出建议外，欧盟在个人层面也给出了建议，个人应该更好地了解安全级别。也有学者从技术角度提出解决办法，Pai（派，2011）介绍了近年来移动电子商务领域中出现的“虫孔”袭击事件，并提出了一种针对在移动电子商务环境下进行商务活动的对策。提出采用集群体系结构，以便减少传输碰撞等，并且可以处理和存储在每个移动设备的信息量。

最后，使用椭圆曲线公钥密码体制代替非对称公共密钥加密系统，其更高效，上述研究较多关注支付安全问题，而对于移动终端、无线应用和移动电子商务平台运营漏洞的安全问题鲜有学者提及。未来的研究方向可以从移动终端、无线应用和移动电子商务平台运营漏洞的安全问题入手，并从政府、公司、个人、立法的不同层面给出建议。

第七节　移动互联网对消费者消费行为的影响

消费是用户通过购买消费品来满足自身需求的一种行为。通过完成消费行为，企业获得利益，包括盈利甚至口碑。所以，消费者消费行为的变化对企业营销策略的制定至关重要。与传统网上购物相比，利用移动互联网进行网上购物的用户的行为和模式有很多相同之处。但是，随着3G、4G流量网络以及无线覆盖网络的不断发展，随身携带、随时联网是传统网络没有的优势，并且，由于掌上购物的新兴性，同样的一件商品在电脑端购买的价格跟手机客户端购买的价格是不同的，移动端购物的价格相对低廉。

企业主要是以盈利为目的，那么作为企业，不仅要了解用户的生活行为，更要了解消费者购买行为的影响因素和消费行为的特点。从心理学的角度来讲，行为是人们受到外部刺激之后，经由内部经验的折射产生的、具有一定目的性的活动。那么首先来研究影响移动网络用户行为的因素。

（1）碎片时间的“消遣”。

网上浏览的碎片化是消费者最终选择移动设备完成购物行为的主要动因。消费者在任何碎片时间和空间里都可以在终端的购物 App 上“闲逛”。一旦发现中意的产品就会立即下单付款。

（2）用户“体验性”。

现在用户应用移动互联网购物的原因最主要的是可以实现线下试穿、线上购买。实体店俨然成了用户的线下试衣间。

（3）产品的价格属性。

产品的价格属性主要表现在两个方面。首先，受限于终端屏幕大小和信息承载量，它并不适合金额较大的交易；其次，同样的产品，线上没有租金，相比之下，价格也会较线下优惠。

（4）购物便利即时性。

影响购物习惯的另一因素就是购物的便捷性，不仅表现在搜索的便利性，更表现在支付的便捷性。调查显示，86%的消费者在移动购物时主要采用在线支付的方式。

综合以上几种影响因素，移动互联网在消费行为上对消费者的影响如下。

一、消费者的主动消费增加

十年前的互联网时代，当购物刚刚兴起的时候，消费者就可以足不出户，在家完成购买。如今，移动互联网的兴起，消费者不仅可以足不出户，更可以移动购买，实时购买，随时随地下单付款。消费者将更主动地获取商家和产品的信息从而指导购物决策。消费者不仅可以从商家那里获得信息，更可以从发达的搜索引擎中获得产品信息和评价信息，从而使自身的主动性消费增加。

二、信息沟通互动化

在移动互联网时代，各营销主体之间的信息沟通形式发生了改变。不再是传统意义和习惯上的单向传输，而是变为更为人性化的互动式的沟通。方式也将变得更加灵活，既包括一对一的传播，同时也包括一对多和多对多的信息传播模式。在新型的网络环境中，更多的是创造了一个更为平等的交易环境，不论是企业还是顾客，都同时扮演着信息分享者和接收者等多重角色，加之移动互联网特有的性质，如今消费者随时随地分享自己的信息，将企业和消费者的对话模式引领到了新的高度，这也就很容易理解为何消费者主动性消费增加了。

三、连通线上与线下

近几年被炒得大热的O2O即为Online to Offline。就O2O应用的场景来看，大体分为线上到线下的互动模式、线下到线上的互动模式以及线下到线上再到线下消费的互动模式。线上与线下的交易方式形成了一个交易闭环——将线上用户引到线下消费，消费后再到线上进行反馈，通过反馈吸引新的客户，形成闭合的良性循环。移动终端的移动便携性将使O2O不仅是线上和线下的结合。

随时的位置服务使互联网用户更加活跃，并且得到了1+1>2的推广效果。

四、消费信息的传播和分享

作为信息沟通的工具，互联网一经出现就获得了较大的成功。过去，人们根据自己不同的爱好，在互联网上建立不同的社区，在不同的社区聚集相同爱好的用户，分享信息。如今，消费者在移动设备上通过微博、微信等虚拟社区分享自己的购物经历，与朋友一起探讨产品的使用感受。与传统的营销方式相比，开放透明的分享型营销显然更有效。

五、支付习惯的改变

随着金融产品的不断创新和互联网技术的持续发展，在我们的日常生活中，消费者的支付习惯已经逐渐由原来的现金支付变为银行卡和电子支付，用户的移动支付习惯正在形成。甚至最开始不相信移动支付的老年人，都在排着队使用移动终端支付。

根据艾瑞咨询集团的统计数据显示，2014 年中国第三方移动支付市场交易规模达 59924.7 亿元，同比上涨 391.3%，第三方移动支付交易规模继续呈现超高速增长状态（见图 3－6）。基于消费者行为的变化，如今的消费者购买决策过程也随之发生改变。

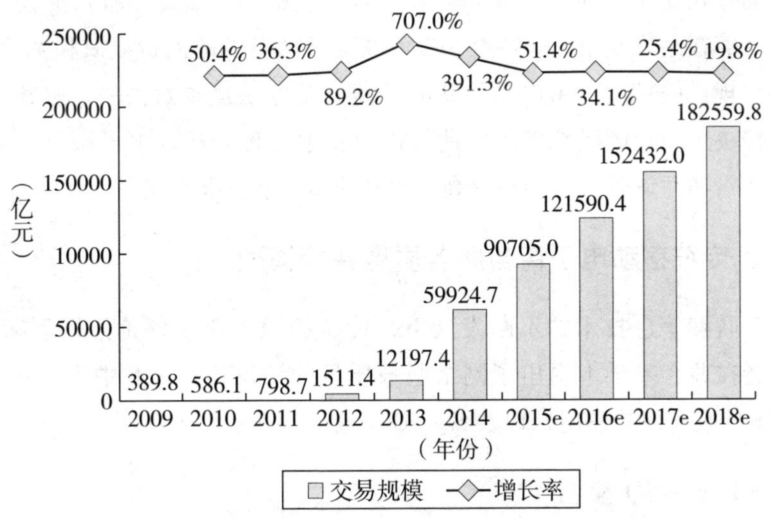

图 3－6　2009—2018 年中国第三方移动支付市场交易规模

大致经历注意、兴趣、搜索、行动和分享五个阶段，也就是业界经常谈及的 AISAS 理论（消费者行为分析理论）。企业只有密切关注消费者在消费的过程中发生的变化，才能在各个阶段实施有针对性的营销策略。

第八节　移动电子商务服务质量评价

随着移动通信和互联网技术的飞速发展，移动电子商务得到快速发展，并逐渐成为电子商务领域的热点。移动电子商务是传统电子商务发展出的新的分支，主要是通过手机、掌上电脑等从事商务活动。随着社会科技的不断发展，移动电子商务所覆盖的范围越来越广泛，几乎涵盖购买商品、服务、资讯、广告、支付和安全等。据第 42 次《中国互联网络发展状况统计报告》显示，截至2018 年6 月，我国手机网民数量已达7. 88 亿人，互联网普及率为57. 7%。其中，2018 年上半年，手机支付、手机网购的预订用户规模分别达 5. 66 亿人、5. 57 亿人。由此可见，移动电子商务应用已成为经济增长的新引擎。

移动互联网的快速发展加快了传统电子商务企业向移动电子商务的转型，淘宝网、京东、携程等纷纷推出移动 App，并不断优化其用户体验。与传统的电子商务相比，移动电子商务一般具有时空范围广、易于推广、易于个性化服务、潜在用户规模大等特点，极大改变了消费者的消费习惯和生活方式。随着用户规模的扩大，用户对移动电子商务服务质量越发关注，服务质量的好坏直接决定用户的满意度。因此，构建科学合理的移动电子服务质量评价指标体系对实时评价、改善和提高其服务质量具有重要意义。

一、传统移动电子商务服务质量评价模型

在互联网信息技术的不断发展下，传统的服务质量评价指标逐渐淘汰，很多学者在原有基础上提出了网络服务质量的评价模型，其中主要包括 SERVPERF（服务绩效模型）以及 E – SQ（电子服务质量）模型等。

（一）E – SQ 模型

E – SQ 模型是由 Parasurama（派瑞塞姆）等人在 2005 年提出的，这一模型主要是围绕七个维度并通过三十三个题目来展开服务质量评价的，对用户

购物过程中的服务感知进行了全面评价与衡量。2012 年，李明亮在此基础上提出了 B2C 电子商务服务质量测评体系，并对维度进行了重新划分，包括服务过程质量、服务结果质量以及服务整改质量三个部分。

（二）SERVPERF 模型

这一模型是在 1992 年由 Cronin（克罗宁）等人针对 SERVQUAL（服务质量）模型的缺陷而提出的一项新的服务质量评价模型，主要是通过绩效来说明更佳的服务质量，而不是通过顾客感知以及期望之间的对比结果来评判服务质量的好坏。上面所介绍的这些模型都能够应用在 B2C 电子商务平台当中，由于 B2C 移动电子商务中的 App 与电脑端的电子商务购物网站存在着一些区别，因此必须实施一些整改。

二、指标体系构建原则与主要内容

（一）指标体系构建的基本原则

（1）目的性原则。移动电子商务服务质量评价的基本目的在于，以评促建，从而提高移动电子商务企业的服务质量水平。

（2）系统性原则。所设计的移动电子商务服务质量评价指标体系要尽可能全面、系统地揭示其服务质量包含的内容，要能较全面地反映出移动电子商务企业服务质量的实际水平。

（3）科学性原则。要从总目标出发，既要全面又要抓住重点，突出关键指标，以综合评价为主，而不是面面俱到，并注意各个评价指标在内涵上的相关性和结构上的层次性。

（4）可操作性原则。在指标体系设计时，要注意指标的可计算性、数据的可获得性，要将定量指标和定性指标结合，便于实际的质量评价操作。

（二）指标体系主要内容

根据上述指标体系构建的基本原则，结合移动电子商务服务质量内涵以及电子商务服务质量评价相关研究成果，通过专家咨询、德尔菲法等，将移动电商服务质量目标逐级分解，形成各有侧重、相互联系、综合反映移动电商服务质量水平的评价指标体系。主要包括响应性、可靠性、履行性、安全性、有形性、移情性、补偿性 7 个一级指标，共 28 个评价指标。

三、移动电子商务服务质量评价指标及其权重

（一）评价指标

7 个一级指标具体介绍如下。

响应性指标包括四个二级指标，分别为人工服务及时性、搜寻便利性、快速处理问题和沟通及时性。人工服务及时性是指能够及时为顾客提供人工帮助服务；搜寻便利性是指在移动客户端网站上搜寻商品方便；快速处理问题是指能够有效并快速处理顾客的问题，沟通及时性是指能够提供便利畅通的沟通方式。

可靠性指标包括网站可靠性、产品可靠性、支付可靠性和系统可靠性指标。网站可靠性是指商户及其网站值得信赖的程度；产品可靠性是指网站提供的信息和产品值得信赖的程度；支付可靠性是指网站按承诺的时间提供服务、确保第三方支付可靠的程度；系统可靠性是指移动客户端及其系统运行可靠，不会出现突然崩溃的情况。

履行性指标包括订单处理、订单交付、订单承诺及客户评价四个指标。订单处理指标是指移动电商企业在合适的时间内完成订单处理的情况；订单交付指标是指移动电商企业按承诺的时间和方式交付订单的情况；订单承诺指标是指移动电商企业提供的产品和承诺一致的水平；客户评价指标是指有完善的顾客购买评价资料。

安全性指标包括客户信息安全、购物行为安全、交易过程安全和网络安全四个指标。客户信息安全是指网站能够保证顾客的个人资料安全；购物行为安全是指移动电商企业会保护顾客的购物行为信息；交易过程安全是指移动网站能够确保交易过程的安全；网络安全指标是指网络交易过程中网络环境的安全性水平。

有形性指标包括可感知性、界面美观度、易查看性和导航性四个指标。可感知性是指有良好的可感知网站形象，域名容易记忆；界面美观度是指客户端界面设计美观、合理、有吸引力；易查看性是指产品信息丰富、准确，容易查看；导航性是指移动网站具有直观而简单的界面导航，能够快速查询商品信息。

移情性指标包括多种付款的支持、提醒服务、消费偏好感知和个性化服务四个二级指标。消费者在网站上可以用多种方式进行付款，能够免费接收订单信息的免费提醒，通过大数据分析可以感知用户偏好，了解用户需求，

同时可以提供个性化的服务。

补偿性指标包括客户投诉处理机制、补偿服务完整性、补偿服务速度及退换货补偿四个二级指标。客户投诉处理机制是指网站会对由于网站自身问题给客户造成的问题进行补偿；补偿服务完整性是指如果不能按时送到产品，会对顾客的损失进行补偿；补偿服务速度是指提供补偿的时间长短；退换货补偿是指网站能够保证顾客合理的退换货诉求。

（二）权重确定

应用层次分析法确定各指标权重。把复杂的问题分解为若干层次，在最低层次通过两两对比得出各因素的权重，通过由低到高的层层分析计算，最后计算出所有因素相对于总目标的按重要性程度的一个排序。首先构建判断矩阵。判断矩阵是由定性过渡到定量的重要环节，由于判断矩阵建立在对系统各指标的细致对比上，所以克服了专家赋权的随意性。在建立上述层次模型以后，可以在各层元素中进行两两比较，构造出判断矩阵。移动电子商务服务质量评价指标权重如表 3 - 2 所示。

表 3 - 2　　移动电子商务服务质量评价指标权重

一级指标（权重）	二级指标（权重）
响应性（0.15）	人工服务及时性（0.28）
	搜寻便利性（0.32）
	快速处理问题（0.15）
	沟通及时性（0.25）
可靠性（0.22）	网站可靠性（0.26）
	产品可靠性（0.30）
	支付可靠性（0.20）
	系统可靠性（0.24）
履行性（0.15）	订单处理（0.20）
	订单交付（0.22）
	订单承诺（0.23）
	客户评价（0.35）

续 表

一级指标（权重）	二级指标（权重）
安全性（0.18）	客户信息安全（0.25）
	购物行为安全（0.28）
	交易过程安全（0.25）
	网络安全（0.22）
有形性（0.1）	可感知性（0.18）
	界面美观度（0.28）
	易查看性（0.29）
	导航性（0.25）
移情性（0.08）	多种付款的支持（0.21）
	提醒服务（0.25）
	消费偏好感知（0.25）
	个性化服务（0.29）
补偿性（0.12）	客户投诉处理机制（0.26）
	补偿服务完整性（0.24）
	补偿服务速度（0.22）
	退换货补偿（0.28）

第九节　移动电子商务环境下消费者购买行为模式重构

从 AIDMA（消费者购买行为五阶段法则）到 AISAS 模式（消费者行为分析模型），从传统时代到网络时代，互联网与移动应用得到了爆发性的普及。据 CNNIC 第 42 次《中国互联网络发展状况统计报告》说明，截至 2018 年 6 月，中国网民数达到 8.02 亿人，其中手机上网网民数已达到 7.88 亿人。互联网与移动应用改变了人们的生活、工作、娱乐、学习的方式，在如今的消费者日常生活中，除了看电视、看报纸等传统行为，收邮件、搜索信息、上论坛、写 Blog（博客）、收发短信/彩信、在线交易等由互联网与手机创造的新的生活方式，已逐渐成为消费者的生活环节。随着传播环境与生活方式的改变，消费者的购买决策过程也随之变化。AIDMA 是消费者行为学领域很成熟的理论模型之一，由美国广告学家 E. S. 刘易斯在 1898 年提出。该理论认为，消费者从接触到信息到最后达成购买，会经历 5 个阶段：Attention（注意）、Interest（兴趣）、Desire（欲望）、Memory（记忆）、Action（行动）。消费者从注意商品，产生兴趣，产生购买愿望，留下记忆，到做出购买行动，整个过程都可以被传统营销手段左右。这个理论可以很好地解释实体经济里的购买行为，但在网络时代，该理论渐渐失去效用。图 3－7 列出了消费者行为模式从 AIDMA 模式向 AISAS 模式的转变。

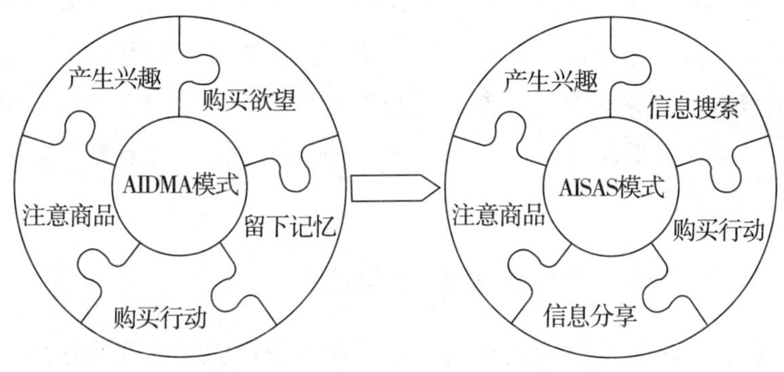

图 3－7　两种购买行为模式的转换

2005 年，日本电通集团推出的 AISAS 来定义由网络及移动电话的普及而导致的新消费行为模式。基于网络时代市场特征而重构的 AISAS［Attention（注意）、Interest（兴趣）、Search（搜索）、Action（行动）、Share（分享）］模式，则将消费者在注意商品并产生兴趣之后的信息搜索（Search），以及产生购买行动之后的信息分享（Share），作为两个重要环节来考量，这两个环节都离不开消费者对互联网（包括无线互联网）的应用。AISAS 模式的出现一定程度上标志着互联网正从熟悉的传统营销模式逐渐向以互联网平台为营销中枢的、全新互动的整合营销模式应用的开始。

第十节　移动电子商务发展趋势

我国移动的电子商务的规模就目前而言已经遍及了各个领域，餐饮业、旅游业以及各种人才市场等领域都离不开移动的电子交易，面对这一想象，对我国信用卡的结算单位、各大银行以及网络的运营商来说，都极为有利。现阶段，我国移动的电子商务主要体现出以下几种发展趋势。

一、商务领域的重心正在转向企业的应用

现阶段，移动的电子商务正处于稳步地发展、持续上涨和逐渐成熟的时期，因此，很多的企业与个人都逐步地利用电子商务开展交易活动，对个体消费者而言，电子的商务能够更加快捷地进行购物，有利于查找商品的信息，而对于具有大规模的企业来说，利用移动的电子商务能够促使企业自身的快速发展，这一交易平台能够为企业创造更多的营销渠道，从而有利于企业创造经济效益。但也在企业间形成严重的竞争，主要体现在移动的电子商务发展上，随着电子商务的发展，淘汰机制逐渐被激活，给企业带来了更加有利的发展环境。能够促使企业的商业模式更加成熟，同时具有较大的消费力度和较强的稳定性。

二、通过移动电子商务重点获取信息

对于顾客来说，可以利用移动的电子设备获取大量的商品信息，再进一步进行交易。如电子邮件、股票行情、天气、旅游路线、航班信息、餐饮住宿等方面的信息。这就使得消费者可以直接利用移动电子商务并切身感受到这项技术的优点和便捷。

三、继续深入产业链整合

移动的电子商务需要利用手机等设备，这些设备是其发展的基础，因此电子商务发展打破了原有的产业格局和形式，相关产业链的整合还将继续深入。另外，在未来发展过程中，移动电子商务主导模式也会有所改变，将转变成互相交叉、重新组合的模式，使其更具优化性、科学性。例如，在产品交易方面不仅能够手机支付，更能够进行电信运营商和第三方机构间的合作，从而为移动电子商务的发展提供了新的活力。

四、给移动的终端创造发展的机会

网络的硬件和各种的手机终端，都是移动电子商务在发展过程中关键的基础设施，因此，移动终端的有效发展，在带动移动电子设备与商务生产发

展时，更能够促使产业链上的各方实现顺利合作，从而有效地推动电子商务的产生和快速发展。信息技术在新阶段快速发展，移动终端也在逐渐增加，其功能也逐渐丰富，注重人性化，因此，其能够被用户熟练使用，并形成系统链条。

第四章　供应链与整合营销传播

整合营销传播本质上是一种战略，需要企业从战略角度进行长期的规划、资源的配置和传播管理的系统建设。整合营销传播是一种管理思维、实践策略，更是一套复杂的运作体系。

从实践层面来讲，消费者是营销开展的起点，洞察消费者则是整合营销传播发展的不竭动力，以消费者为导向，必将成为未来整合营销传播发展的核心趋势；品牌与消费者关系的建立需要的是持久关系的建立和情感连接力的维护。

互联网之所以成为营销传播的整合者，得益于三方面：第一，互联网媒体的特性，信息海量、互动性强，能够实现多方即时交流，这是目前任何媒体无法比拟的优势；第二，互联网的受众中以 70 后和 80 后为主体，这群人不仅具有较强的消费能力，而且是前文中提到的，目标消费群体中传播能量高的那一个小群体；第三，网络购物的直接达成，使得消费者与互联网的接触和依赖程度加强，进而为广告主的接触点管理提供更多的机会。

第一节　整合营销传播（IMC）理念的内涵

整合营销传播（Integrated Marketing Communication，IMC）理论诞生于 20 世纪 80 年代末，是对传统的广告和营销传播理论的革命性创新。1989 年，美国西北大学麦迪尔新闻学院受美国广告主协会（The Association of American Advertisers）和美国广告代理商协会（The American Association of Advertising Agencies）委托，对全国消费者商品广告主进行了营销传播实施现状的调查。在调查中，克拉克·卡尔伍德、唐·舒尔茨和保罗·王率先为整合营销传播做了界定。

整合营销传播理论是 Don E. Schultz（唐·舒尔茨）在 1992 年首先提出的。他认为，整合营销传播就是一种发展和实施说服力的传播过程，以及持续不断与潜在客户的沟通过程。它适用于所有企业经济来往中的外部信息交换、信息传播及内部信息沟通的现代管理体制，而这种传播与沟通，就是尽可能与其现有的客户、潜在的客户和其他一些公共群体保持一种良好的、积极的互动关系。在 2000 年 Don E. Schultz（唐·舒尔茨）进一步提出了核心的 5Rs 要素，即关联（Relevance）、可接受（Recep tivity）、反应（Responsiveness）、关系（Relation ship）、认可（Recognition）。整合营销传播的内涵可以进一步概括为："以消费者为核心重组企业行为和市场行为，综合协调地使用各种形式的传播方式，以统一的目标和统一的传播形象，传递一致的产品信息，实现与消费者的双向沟通，迅速树立产品品牌在消费者心目中的地位，建立产品品牌与消费者长期密切的关系，更有效地达到广告传播和产品行销的目的。"在整合营销传播的内涵中，一体化是目标；顾客是核心；运作方式是对资源的有效整合；沟通是基本手段。

此后，汤姆·邓肯（Tom Duncan）、克拉克·卡尔伍德（Glarke Caywood）、唐·舒尔茨（Don E. Schultz）和海蒂·舒尔茨（Heidi Schultz）又对整合营销传播概念进行了几次修改。其他一些学者也相继提出了自己的定义。

归纳各种定义，整合营销传播的核心内涵主要包括以消费者为导向、运用一切传播形式、寻求协同优势、建立持久关系、整合内外传播、强调战略管理、重视长期效果。整合营销传播理论诞生之后，在美国的营销传播领域得到了广泛的应用。IBM（国际商业机器公司）、UPS（美国联合包裹运送服务公司）、FedEx（联邦快递）、Dow Chemical（陶氏化学）、Kraft Foods（卡夫食品）等都已把整合营销传播运用到企业的营销实践中。根据美国广告主协会 2018 年公布的调查结果，整合营销传播已被美国广告主普遍接受，并广泛运用到营销实践中。目前，整合营销传播成为广告主最关注的营销问题之一。

1994 年，唐·舒尔茨等人的专著《整合营销传播》由中国台湾广告界翻译为中文，中国台湾的营销、公关和广告界开始接触整合营销传播。1995 年，中山大学教授卢泰宏从中国台湾把该书的繁体中文翻译版本《整合营销传播》带到中国大陆。1998 年，《整合营销传播》中译本由内蒙古人民出版社出版。2001 年 10 月，唐·舒尔茨在北京、上海、广州举办了三场关于整合营销传播的讲座，极大地推动了整合营销在中国大陆的传播和实践。

对于整合营销传播理论的内涵，美国广告主协会提出，整合营销传播理论是一个营销传播计划的概念，强调的是综合计划的增加值，即通过评价广告、直接邮寄、人员推销和公共关系等，以提供明确、统一和效果最佳的传播影响力。美国西北大学研究组提出："整合营销传播理论把品牌等与企业的所有接触点作为信息传递渠道，以直接影响消费者的购买行为为最终目标，是一个以消费者需求为导向，通过使用各种营销方式和手段进行有效传播的营销活动。"促销组合是整合营销传播的工具，促销组合的概念是把广告、人员销售、公共关系或公众宣传、促销活动等连接起来，统一管理、分析、制订、监督、评估和控制整合营销传播方案，要有效地策划、执行、评价广告及促销方案，必须理解全面的营销程序、消费者行为以及传播理论等观点。

菲利普·科特勒（2005）认为，整合营销传播是一种从消费者的角度出发考虑营销活动的方法，他还研究了"营销传播一体化（整合化）"的价值、整合性与互动性传播等，并提出了把"整合传播"作为"整合营销"的工具、"营销传播一体化的组织和管理"和运用营销数据库系统的可持续发展营销等观点，在整合营销传播系统的概念方面，菲利普·科特勒将它视为"营销组合系统+传播组合系统"。汤姆·邓肯认为，整合营销传播是运用品牌价值处理客户关系的过程，即交叉作用过程，通过战略性的传播信息，运用数据库操作和有目的的对话来影响客户和利益关系人，与此同时也创造和培养可获利的关系。

唐·舒尔茨在《整合营销传播》一书中对其进行了定义："这是一个营销传播的计划要领，要求充分认识用来制订综合计划所用的各种带来附加价值的传播手段，如普通广告、直接反映广告、促销和公共关系，并将之结合，提供具有良好清晰度、连贯性的信息，使传播影响力最大化。"1996年，唐·舒尔茨在当年的全美第三届营销年会上又提出了有关整合营销传播定义涉及的五个方面：第一，整合营销传播活动强调的是，通过长期各种方式的沟通与交流，吸引并说服顾客去积极地选择和购买产品；第二，顾客的需求和个性是企业选择信息传递方式的前提条件；第三，企业和顾客之间的接触点应该要具有一定程度的影响力；第四，企业与顾客之间的互动关系因技术的大力发展而变得越来越密切；第五，需要测试营销沟通结果的新方法。

由此可见，整合营销传播理论是一种方法论和思路，具有指导意义，它可以让品牌迅速传播，并被消费者所认识。

整合营销传播活动的主旨在于与消费者进行非常亲密的交流与互动，尤其要在潜移默化之中让消费者对产品有一个清楚的认识并且明白产品的优势所在，感受到产品独特的品牌魅力，使用各式各样营销工具的目的在于传播企业希望被消费者接受各种信息，这些信息若能和消费者之前所理解的内容一致，那么沟通就会变得非常有效果。整合营销传播的重点就是运用统一的传播手段、思路、媒体以及数据库等，形成企业与消费者之间长久的互动关系。而通过运用信息技术，“一对一”的营销模式将渐渐替代传统的营销模式，实行顾客差别化管理将会使传播的效果更加具有可预测性。整合营销传播格外关注双向的沟通方式，它始终坚持以消费者为中心，灵活运用能带来各种附加价值的传播工具，使产品的相关信息能够从以往“由内而外”的单向流转演变为企业和消费者的双向流转。

整合营销传播同时也可以被视为一种管理方式，它的意义在于引导企业，让整合营销传播理念深深扎根于企业员工的脑海之中，把原本主要由企业市场营销部门负责的工作内容扩大到整个公司一起来完成，通过整合企业所有资源，统一协调企业的内部信息和外部沟通、宣传渠道。

可以看到，整合营销传播实际上就是以消费者为核心和出发点，通过协调运用各种传播和营销手段，传播一致的品牌形象，与消费者进行密切的双向互动与交流，从而建立与消费者之间的牢固关系，影响消费者的购买行为。

通过研究传统营销相关理论以及整合营销传播理论（见表4－1）可以发现，传统营销理论是企业最初制定营销策略的核心理论，为企业营销活动的发展奠定了基础。但随着市场经济以及信息技术的快速发展，传统营销理论的局限性越发凸显。在传统营销理论的影响下，企业容易过于重视产品质量而最终忽视了消费者的真正需求；只知道使用单一的传统媒体进行产品宣传和推广而忽略了与消费者进行双向互动的沟通；网络普及的今天，仍然大范围设立实体店，导致成本花费过多、造成企业资金压力等。这些都表明，企业单纯以传统理论作为指导进行营销活动已经不能完全满足消费者需求。整合营销传播理论的诞生和发展，改变了企业营销活动停滞不前的尴尬局面，对企业营销策略的制定具有一定的指导意义。

表 4-1　　传统营销方式与整合营销传播方式的对比

	传统营销方式	整合营销传播方式
理论核心	4P 营销理论	4C 营销理论
营销出发点	以企业为出发点	以消费者需求为出发点
依托媒体	电视、报纸、杂志、广播	互联网、移动网络
营销渠道	实体店	网络直销

1998 年，美国生产力与质量中心（APQC）实施了第一个关于整合营销传播的系统研究，树立了最佳实践标杆，并确定了四个整合营销传播特有的阶段，即策略传播的协调、营销传播范围的重新定义、信息技术的应用、财务整合和战略整合。劳乌开发了一个三项李克特量表去测量整合营销传播的实施程度：传播工具被同一营销者所规划的程度、传播努力的延续性，以及传播信息的一致性。李和朴推出了十八项李克特量表来测量整合营销传播活动的四个维度，即一致信息的持续传播、对多重消费者群体的不同传播、致力于有形效果的以数据库为中心的传播，以及与消费者关系维系的传播。

第二节　整合营销传播的发展情况

整合营销传播理论自出现以来，之所以受到众多管理者、营销人推崇，是因为它揭示和彰显了一种趋势。20 年来，整合营销传播在中国，虽然在执行和操作层面面临种种挑战，但是已经逐渐成为广告主营销传播运作的理念和基本策略。而中国广告主营销传播的发展历程，折射出了整合营销传播理论在中国的发展。纵观这十年，可以看到整合营销传播理论在中国的实践过程中逐步渗透、深入，并本土化。从 2001 年开始，从广告主的营销传播的花费来看，向终端倾斜的趋势明显，终端的推广费用比例呈增加态势，广告主注重线上、线下策略的整合运作。2013 年，广告主广泛采用多元化、区域性、创新性的媒体组合策略。互联网、户外、直邮广告的运用增多，小众媒体出现，比如社区广告、电梯广告、短信广告、俱乐部等。2015 年以后，以互联网为代表的数字新媒体，投放费用比例逐步上升。通过研究广告主的新媒体策略，将其划分以下四个阶段，分别为补位、提升、新整合以及深耕。

随着消费者的变化，广告主在多种媒体策略整合运用的基础上，日益重视公共关系的运用，2006 年广告主营销传播的一个重要特征就是：公共关系日益成为广告主的品牌推广利器，公关推广费用比例稳中有升。2017 年，作为信息传播载体的媒体开始发挥营销渠道的作用，与此同时，传统的销售渠道也成为企业信息发布、产品展示、品牌体验的重要载体和平台，接触点管理的观念与策略已经在企业的实践之中表现出来。这就是媒体渠道化、渠道媒体化趋势。

随着行业竞争日益激烈，企业之间的竞争已经蔓延到企业经营活动中的各个环节，加之信息渠道越发复杂，企业对信息传播的可操控性降低。危机已经日益常态化。2008 年，广告主危机公关传播意识和能力增强，开始致力于建立相应的危机管理机制。研究表明，广告主普遍认可“互联网是传播危机的主要途径”这一说法，网络加速了危机传播的速度，扩大了危机传播的范围。因此广告主纷纷加强建设危机公关预警和处理机制，提升危机公关传播管理意识和能力。

2018 年至今，广告、公关、终端的协同趋势更加清晰，与此同时，伴随世界范围的经济危机，广告主的营销传播以销售业绩为导向，求实效成为主基调。媒体投放向优质媒体集中的趋势更加明显，广告主越发关注媒体受众与品牌目标消费者的吻合度。以上诸多国内广告主在营销传播活动中呈现出来的种种特点反映出，整合营销传播理论的核心内涵已经被中国广告主在实践中得以体现，例如，关注消费者、运用一切传播形式、整合内外传播、注重媒体策略的一致性、重视协同性和高效率。

第三节　运用整合营销传播要素分析供应链联盟

一体化、顾客、整合、沟通这四要素是整合营销理念的基础和精要，同样这四要素也可以作为供应链联盟（SCA）建立的基础。

整合营销是以消费者为核心，综合使用多种传播形式，向消费者和社会传播统一目标和形象的社会活动和企业营销行为。在整合营销活动中，虽然使用多种营销手段进行整合传播，但是在各个活动中产品信息是一致的。通过多渠道的快速传播可以实现企业与消费者的双向沟通。由于整合营销手段的优势，企业产品或服务可以在消费者心目中迅速树立起良好的形象，有利于产品和服务价值的快速传播。在营销中，企业通过产品品牌与消费者建立起长远稳定的联系，从而实现营销最大化传播的目的。

整合营销观念要求企业的所有部门都要为满足顾客需要而工作，不仅仅要考虑企业利益，还要考虑顾客利益。强调在满足顾客需求的同时，最大限度地实现企业目标化双赢营销模式，其宗旨是把顾客利益、顾客需求转化为企业利益和企业目标，最终实现顾客和企业的双赢。

整合营销研究权威汤姆·邓肯教授提出，整合营销主要是通过一致的信息传播，使利益相关者与品牌建立良好的关系，并不断累积他们对品牌的支持程度，最终构成品牌资产。

1997 年，美国生产力和质量中心启动了一项研究，发展出整合营销传播的基础模型，图 4－1 所展示的就是这个模型，该模型认为 IMC 的发展大致可以分为四个阶段。

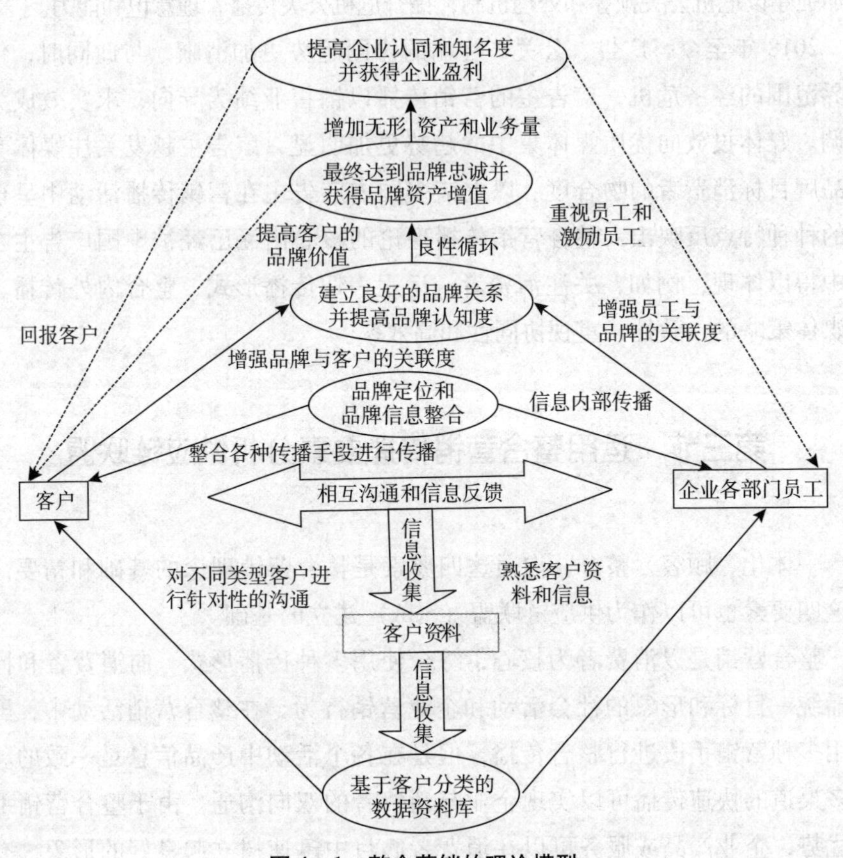

图 4－1　整合营销的理论模型

（1）战略性协调。

聚焦多种对外营销和传播要素进行战略性协调，试图将不同部门的工作整合起来，形成一致的合力。图4－1中，企业各部门员工工作不同，但是他们的工作目标都是提升企业品牌形象，建立良好的品牌关系。通常比较重视整体传播策略的制定和具体执行，在营销传播中展现为“统一形象、统一声音”。

（2）重新定义营销传播的范围。

营销传播者将传播看作动态的持续进行的流程。营销传播活动的范围得以拓展，包括员工的对内营销以及针对供应商和其他合作伙伴的营销，并将这些营销活动和已有的对外传播活动协同起来。图4－1中，企业各部门员工和客户之间通过相互沟通和信息反馈来传播企业的品牌定位，进行品牌信息整合。

（3）信息技术的运用。

图4－1中，客户信息的收集是通过现代信息技术来完成的，同时，也利用信息技术来实证顾客数据，以此为基础来识别、评估和监测一定时期内针对关键客户群体的对内、对外整合传播活动的效果和影响力。将不同来源的顾客数据进行整合，从而获得顾客更丰富完整的信息。

（4）财务和战略的整合。

图4－1中的最高阶段是提高企业认同和知名度，并获得企业盈利。利用前几阶段所积累的技能和数据，基于顾客信息来推动企业的战略规划。对企业财务信息方面的基础建设进行更新，形成能够提高顾客投资回报指标的“闭环式”计划能力。

第四节　移动电子商务产业链与价值链分析

一、移动电子商务产业链分析研究

（一）移动电子商务产业链

移动电子商务体系是包含企业、商家、移动网络运营商、电子商务提供商等众多主体在内的从事商务活动的系统，该体系还包括了起业务支撑、技术支持作用的金融机构、第三方支付服务商、终端设备提供商、物流商以及其他类型服务提供商，体系内各主体通过信息流、资金流和物流进行交互与联系，承担提供接口、应用和服务的角色。

因此，在移动电子商务体系中，各个主体各自发挥其在供应链上下游所处的位置优势，通过信息流、资金流和物流的链接组成了移动电子商务的产业链（见图4－2）。

也就是说，移动电子商务产业链是指移动电子商务中各个产业主体之间通过一定的技术和经济的关联，并依据特定的逻辑关系和时空布局关系客观形成的链条式关联的关系形态。

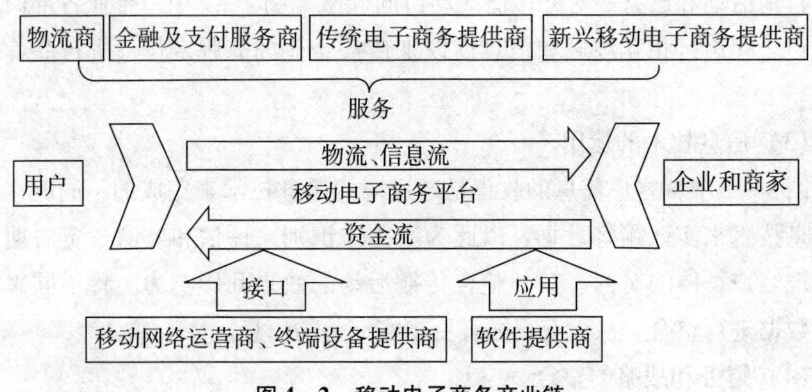

图4－2　移动电子商务产业链

以个性化需求和位置服务为核心的移动电子商务，虽然理论上能克服配送、支付、信用问题，但这必须依靠移动通信技术和设施以及整个产业链的合作才能真正实现。如图4－2所示，移动电子商务产业链上包括移动网络运营商、终端设备提供商、系统平台提供商、技术平台提供商、应用软件开发商、系统集成商及最终用户。终端设备提供商和移动网络运营商为移动电子商务平台的建设提供了网络和基础以及应用接口；应用软件提供商丰富了平台应用，通过定位、支付等功能的实现使移动电子商务能够更顺畅地进行信息和资金的交换；平台服务提供商、金融及支付服务商、物流商为移动电子商务平台提供商品信息展示、资金划拨、仓储与运输等服务，在移动电子商务平台端，为用户和电子商务企业的交易提供服务。移动电子商务产业链主体及市场定位如表4－2所示。

表 4－2　　移动电子商务产业链主体及市场定位

产业链主体	典型企业	市场定位
终端设备提供商	苹果、三星、华为、中兴	提供终端设备及其应用。移动电子商务的硬件接口，对于提升用户体验具有重要作用。移动电子商务的用户体验在很大程度上取决于终端产品的硬件配置和处理能力，大屏幕、全键盘、高信息处理能力的手机终端，可大大提高用户应用移动互联网进行电子商务的便捷性
移动网络运营商	中国移动、中国联通、中国电信	网络接入服务与运营。处于移动电子商务产业中信息交汇的核心地位，拥有移动电子商务末端所有的用户资源，任何移动电子商务的应用服务均需通过运营商的信息通道进行，电信运营商因其在移动电子商务产业链中位置的特殊性，在移动电子商务产业发展中发挥着极其重要的作用
金融及支付服务商	包括中国银联、各大银行，以及支付宝等在内的金融服务机构和第三方支付机构	交易资金的在线支付。对资金链具有天然控制力。商务活动中，所有资金的流动最终都要通过金融机构进行划转和结算，因此移动电子商务活动中各大银行、中国银联等金融机构有着天然的资金链控制优势。在实际的电子商务活动中，第三方支付平台确保了资金支付的安全性和合理性，其在移动电子商务产业支付环节中同样具有重要作用和现实意义
移动电子商务提供商	包括传统电子商务提供商，如淘宝网、当当网等；新兴移动电子商务提供商，如爱购商城	移动电子商务平台服务。目前，淘宝网、当当网和亚马逊等传统电子商务企业已经完成了移动电子商务的布局，传统电子商务提供商在 PC 端电子商务积累了成熟的运营经验，在整个移动电子商务产业链各主体中具有最为成熟的电子商务服务体系。新兴移动电子商务提供商中，如爱购商城等，已经通过创新运营模式，在移动电子商务的细分市场中得到了良好的发展
应用软件提供商	UCWEB、OPERA 等	电子商务企业应用软件服务。为移动电子商务平台服务提供信息及应用入口。近年来崛起的 UCWEB（UC 浏览器）等移动互联网浏览器软件，已经在移动互联网领域发挥了门户网站式的重要作用。未来，相应的应用软件提供商将形成对用户信息及应用入口的有效控制，移动电子商务服务平台将更多依靠应用软件提供商提供用户进入的通道
物流商（物流公司）	EMS、顺丰等	仓储、物流、配送

（二）移动电子商务产业链演进过程

随着移动通信技术的飞速发展，移动电子商务产业链也不断发生变化，自20世纪80年代中期以来，移动通信技术历经了四次重要的变革，也就是我们通常所说的第一代移动通信、第二代移动通信、第三代移动通信和第四代移动通信，现在，随着技术的发展，又面临新的移动通信革命。移动电子商务产业链历经了三个主要发展阶段。

（1）第一代移动电子商务产业链。20世纪80年代中期出现的模拟移动通信技术能够提供的移动服务比较单一，以语音服务为主。其产业链主体由四部分构成：无线服务提供商、终端设备制造商、中间服务提供商、最终用户。

（2）第二代移动电子商务产业链。数字通信技术的出现促进了移动通信产业的更新换代。20世纪90年代，第二代数字移动通信技术开始广泛应用，主要提供数字语音和简单的数据服务，这促使原来移动电子商务产业链中参与者的组合分化，并且新的参与者的介入，改变了产业格局和参与者之间的价值分配关系。

（3）第三代移动电子商务产业链。20世纪末出现了新一代无线高速数据传输移动通信技术，能传送声音（通话）及数据信息（电子邮件、即时通信等），其代表特征是提供高速数据业务，催生了大量新的移动应用。

随着4G的普及以及5G牌照的发放并逐渐商用，第三代移动电子商务产业链迎来了新一轮的革命，产业链上的参与者将发生变化，显示出其强大的生命力和发展潜力。

（三）移动电子商务产业链环节

传统电子商务产业链上的各参与方基于互联网平台实现商务交易，而移动电子商务产业链上的各方基于移动通信平台实现整个商务交易。基于这一平台，能够实现的交易模式有B2B、B2C、C2C、O2O等。如图4-3所示。

1. 产品及服务的形成环节

这里讲的产品及服务，不再单纯指有形的商品或传统的服务，在移动互联网高速发展的时代，数字产品、虚拟增值服务逐渐在我们的生产生活中占据主要地位。因此，移动电子商务产业链的产品及服务形成环节提供方，不仅指原有的生产企业及传统服务提供者，还指为应用提供服务及内容的网络

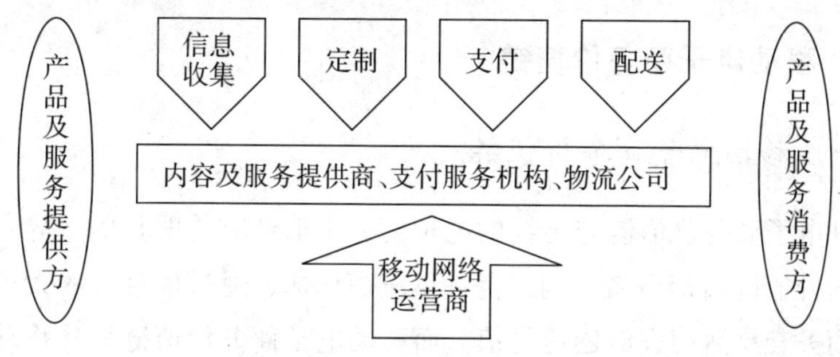

图4－3　移动电子商务产业链环节

服务商、内容提供商，他们是数字产品的制造者或加工者。

2. 信息收集和定制环节

与传统交易模式最大不同在于，移动电子商务交易模式改变了人们获取和选择信息的方式，即交易主体不受时空限制，可随时随地进行信息交换和决策。这一环节的参与者中不但有产品服务制造商、消费者，还有为用户提供移动终端产品的制造企业，它们为移动电子商务交易提供基本的实现工具。

3. 支付环节

资金流也是真正实现移动电子商务不可缺失的一部分。要顺利解决支付的问题，仅仅依靠运营商是不够的，因此，传统金融机构及第三方支付机构的参与是解决移动电子商务支付瓶颈的必然选择。

4. 配送环节

电子商务是信息流、资金流和物流的统一，缺其一不能称为真正的电子商务。因此，实物产品的配送也是移动电子商务活动的重要环节，该环节的重要参与者就是具有高度信息化水平的物流企业。

通过对移动电子商务产业链环节的分析，可以知道，移动电子商务的产业链由移动网络运营商、终端设备提供商、产品及服务提供商、内容及应用软件提供商、银行及第三方支付机构、物流公司等构成。在整个商务交易的实现过程中掌握网络和用户资源的移动网络运营商处于产业链的核心，它将其他参与者连接起来实现整个商务交易流程。移动电子商务产业链上的各方通过移动网络运营商提供的平台提供服务及产品，最终促成各种商务交易活动的完成。不同的参与方为了最大化获取自己的商业利益，在开展移动电子商务的过程中担当不同的商业角色。

二、移动电子商务价值链

（一）移动电子商务价值链定义

移动电子商务价值链与传统的电子商务价值链有着明显的差异。传统电子商务的价值链由消费者、制造商、供应商构成，通过信息流的大量流动进行电子商务交易活动进而创造价值。而移动电子商务价值链是从移动网络运营商开始，与终端设备提供商、平台提供商、内容提供商/服务提供商协调合作，最后连接到用户的一系列商务活动共同打造的一个创造价值的动态过程，从移动网络运营商经过一系列商务活动到消费者，形成了一个比较完善的移动增值服务运营模式和系统，这种模式打破了消费者原有的消费模式。移动电子商务价值链使不同类型的企业打破行业界限，使同处一条价值链中的企业之间不仅保持简单的买卖关系，还保持良好的战略合作的关系。在移动电子商务发展初期，移动网络运营商在移动电子商务中起着最核心的作用，掌控着用户资料和信息管道两大资源。

随着信息技术的发展，移动网络从2.5G发展到3G再到4G、5G，数据传输速度大大提升，移动电子商务的价值链也随之发生改变，移动网络运营商、内容提供商、服务提供商、平台提供商在价值链中的地位逐渐发生变化。移动电子商务价值链的变化使不同行业融合发展，共同参与到移动电子商务交易活动中。在移动电子商务活动中，各个参与方的价值及其增长不再只由其本身的能力所决定，而依赖各参与方的积极协作。移动电子商务价值链构成如图4－4所示。

移动电子商务价值链上各参与方的交易活动都是直接或间接通过移动电子商务平台（移动网络运营商、平台提供商）进行的，通过产品和服务的传递创造利润。由移动网络运营商、支付服务机构、平台提供商、内容提供商、服务提供商、物流服务提供商、移动终端制造商等通过一系列商务活动创造价值，这就构成了一个创造价值的动态过程，即移动电子商务价值链。

（二）移动电子商务价值链参与者

移动电子商务各参与方为了最大化获取自己的商业利益，以移动用户的

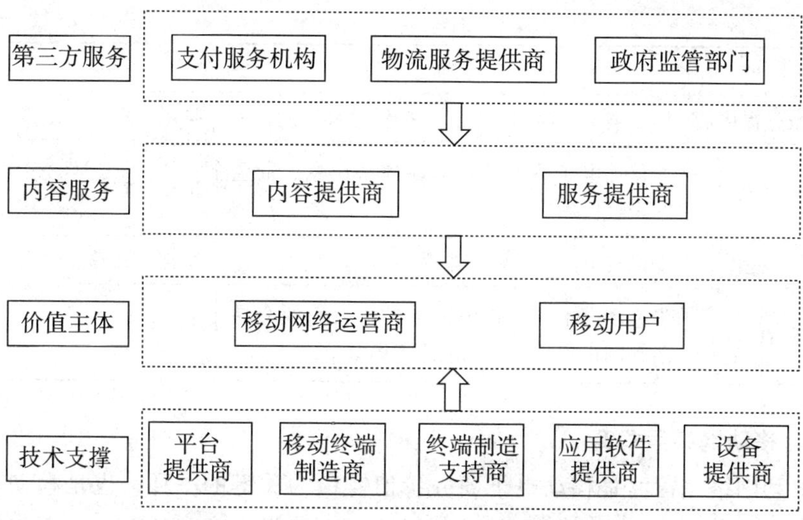

图4－4　移动电子商务价值链构成

需求为中心，在开展电子商务的过程中担当不同的商业角色。移动电子商务价值链参与方、功能、举例如表4－3所示。

表4－3　移动电子商务价值链参与方、功能、举例

参与方	功能描述	举　例
移动网络运营商	为用户提供各种业务，实现对运营商网络（包括对其他运营商网络和互联网）的接入、定位、计费、客户管理	中国移动、中国联通、中国电信
平台提供商	自主开发、维护、运营移动电子商务平台，接入移动网络运营商网络，为移动网络电子交易活动提供交易平台	美国高通、淘宝平台
移动用户	使用移动电子商务服务	个人用户、企业用户
应用软件提供商	开发应用软件，为移动网络运营商提供软件服务	腾讯、微软、金蝶
移动终端制造商	制造移动终端设备	三星、诺基亚
终端制造支持商	终端零配件制造、终端程序开发、终端平台开发、芯片制造等	商通、微软、腾讯
设备提供商	为移动网络运营商提供移动电子商务所需的基础设备	华为、中兴

续 表

参与方	功能描述	举　例
内容/服务提供商	集成整合内容和产品，并提供给移动用户	腾讯、新浪、搜狐
支付服务机构	为移动电子商务交易活动提供信息、资金的安全保障	工行、农行、建行
物流服务提供商	提供有形产品的物流配送	德邦、邮政、中铁
政府监管部门	为移动电子商务价值链上的所有商业交易活动制定相关政策，规范市场竞争	

1. 移动网络运营商

移动网络运营商是移动电子商务价值链最为关键的一环，也是移动电子商务价值链运作不可缺少的一环，为移动用户提供各种通信业务，实现对运营商网络的接入，也提供各种网络相关的业务。移动网络运营商介于内容提供商和服务提供商与移动用户之间，提供传输通道和相关个性化服务。目前，无论是中国移动、中国联通还是中国电信，都拥有一张覆盖全国的移动通信网络，在移动电子商务行业里处于绝对的主导地位。同时移动网络运营商掌握着庞大的用户资源、完善的移动通信基础设施和手机业务门户，在移动电子商务行业起着举足轻重的作用，在开展移动支付、选择服务提供商等方面都有着主导地位。

2. 平台提供商

自主开发、维护、运营移动电子商务平台提供商，联合内容/服务提供商、支付服务机构、物流服务提供商通过此平台进行商务交易活动。与移动网络运营商的移动电子商务平台不同的是，平台提供商的移动电子商务平台是自主开发、自主运营的。

3. 移动用户

移动电子商务价值链上所有商务活动的利润都来自移动用户。移动用户的最大特点是随时随地变化自己的位置，在不同的时间、不同的地点、不同的移动终端下接收不同的商品和服务。移动用户是移动电子商务价值链的终端环节，可通过移动电子商务交易平台获取自己的需求和服务，从事商务交易活动。

4. 应用软件提供商

应用软件提供商负责软件的开发及推广，为移动运营商提供应用软件。各类应用商店的内容提供商均属应用软件提供商。应用软件提供商依据消费者的显性或隐性需求，制作移动终端需要的各类应用。

5. 移动终端制造商

移动终端制造商主要负责开发、制造、推广移动用户终端设备（包括手机、掌上电脑、笔记本电脑、POS 终端机等），保证移动用户能更好地进行移动电子商务活动。移动终端制造商同时也承担了相关终端研发与推广工作。

6. 终端制造支持商

终端制造支持商为移动终端制造商提供所需的零配件、终端平台、操作系统、应用程序、芯片等。该类支持商具有很强的研发能力，能够持续提供新型软、硬件，为移动终端制造商提供技术支持。

7. 内容/服务提供商

内容/服务提供商直接地或通过移动门户间接地为移动用户提供相关的数据和信息产品（天气、音乐、购物信息等），并通过移动网络进行信息发布和推广，拥有内容的版权是信息创造的源头。

8. 支付服务机构

支付服务机构为移动用户提供移动支付服务或移动支付平台，其拥有一套完整、灵活的安全支付体系，从而确保用户支付过程的安全和用户信息的安全。支付机构在资金流中起着举足轻重的作用，可以确保资金安全、快速的流通。支付机构不仅拥有以现金、信用卡及支票为基础的支付系统，还拥有个人用户、商家资源。

9. 物流服务提供商

物流服务提供商在移动电子商务价值链的交易活动中为需求方提供有形商品或服务的配送。政府监管部门为移动电子商务价值链上的所有商业交易活动制定相关政策，规范市场竞争。

（三）移动电子商务价值链模型

根据移动电子商务价值链上各参与企业的力量对比、主导情况分析，以及 4G、5G 网络逐步商用化，移动电子商务价值链主要存在三种形式：以移动网络运营商为核心的移动电子商务价值链、以内容/服务提供商为核心的移动电子商务价值链以及以平台提供商为核心的移动电子商务价值链。

1. 以移动网络运营商为核心的移动电子商务价值链

移动电子商务价值链的发展初期是以移动网络运营商为核心的。以移动网络运营商为核心的移动电子商务价值链是完全封闭的，移动网络运营商完全掌控着移动电子商务新兴业务中内容与应用服务的产生、聚集和对外公布，基本垄断终端移动用户，并且移动网络运营商对内容和应用服务开发商不开放服务业务，内容和应用服务提供商只是单向对移动网络运营商提供服务，从而形成封闭格局。内容和应用服务开发商并不能实现与移动网络运营商自己创建的门户网站上的资源共享。内容和应用服务开发商不能直接面向最终用户，为其提供服务，只能成为移动网络运营商的单向供应商，并受其严格掌控。移动用户所需求的内容和应用服务只能通过移动网络运营商单渠道获取，内容和服务的范围有限，种类有限。因此，移动用户享受服务支付的费用将由移动网络运营商收取，移动用户的信息也完全被移动网络运营商掌控。

如图4－5所示，以移动网络运营商为核心的移动电子商务价值链上的所有的交易活动都以移动网络运营商为核心，移动网络运营商是维系整个移动电子商务交易的核心纽带。设备提供商、应用软件提供商、移动终端制造商、内容提供商、服务提供商直接为移动网络运营商提供服务，而不是直接为移动用户服务，直接为移动用户服务的只有移动网络运营商和商户。

以移动网络运营商为核心的价值链有很多优点。移动网络运营商对价值链具有绝对的控制权，始终具有选择内容/服务提供商的权利，并构建自己的移动电子商务品牌，在利润分成中处于优势地位，而且移动网络运营商可以很容易了解、掌握顾客（用户）的需求，确保移动电子商务提供的服务能被用户接受。对于内容/服务提供商而言，移动电子商务价值链的发展为内容/服务提供商提供了良好的机遇，移动网络运营商在选择内容/服务提供商的同时，加速了他们之间的竞争，从而促进了内容/服务提供商的发展。对于用户而言，移动网络运营商可以为用户提供更加丰富、个性化的服务。

以移动网络运营商为核心的价值链也有一定的缺点。对于移动网络运营商而言，为了集成整合价值链上的资源、构建和谐的价值链，移动网络运营商要付出巨大的财力、物力、人力，同时还要对移动电子商务品牌进行宣传与推广，对于未来移动电子商务发展情况无法预测，这将增大移动网络运营商承担的成本和风险。对于内容/服务提供商而言，始终受移动网络运营商的

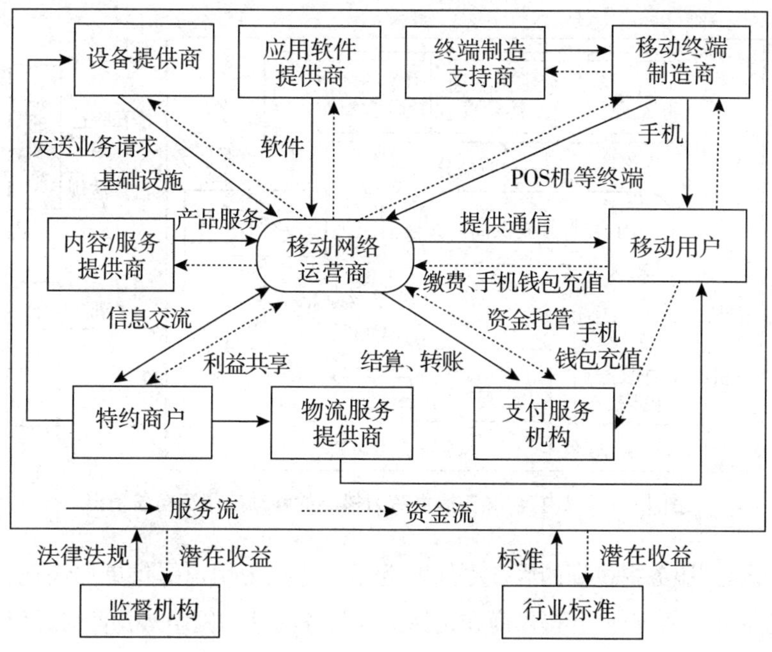

图4－5　以移动网络运营商为核心的移动电子商务价值链

控制，内容服务有限，利润分成比较少，而且竞争激烈。对于用户而言，所能选择的产品服务比较单一。

2. 以内容/服务提供商为核心的移动电子商务价值链

随着网络技术、商业经济的发展，用户需求的多样化，移动电子商务价值链上的各参与方的作用逐渐在发生变化，价值链上最具增值能力的成员转向内容/服务提供商，技术的推动、用户需求的拉动使内容/服务提供商快速发展。内容/服务提供商掌握用户需求的许多资料，移动电子商务应用具有重要地位，因而内容/服务提供商可以构建一条价值链为用户提供产品和服务，移动网络运营商在这种价值链模式下对价值链的掌控权并不是完全垄断的，而是给予了内容/服务提供商充分的机会，内容/服务提供商可以从价值链的价值增值中分到一杯羹。

如图4－6所示，在以内容/服务提供商为核心的移动电子商务价值链上，内容/服务提供商控制着整条价值链，通过将自己的产品和服务接入多个移动网络运营商的网络，直接向顾客提供服务。

以内容/服务提供商为核心的移动电子商务价值链优点包括：对于内容/服务提供商而言，对价值链有绝对的控制权，在利润分成中占有很大的比重；

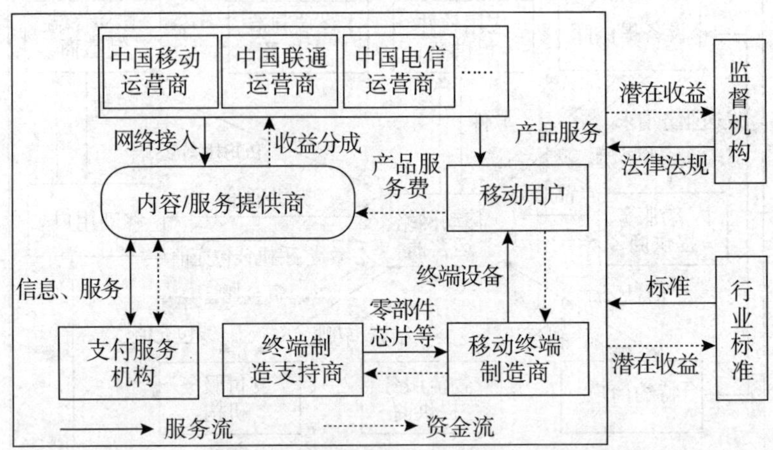

图 4-6　以内容/服务提供商为核心的移动电子商务价值链

此外，内容/服务提供商的服务更加贴近用户，能为用户提供更加快速、贴心、新鲜的服务；内容/服务提供商在选择接入服务的移动网络运营商时，促进了移动网络运营商之间的竞争，使得移动网络运营商的服务质量有所提高；对于移动网络运营商而言，为内容/服务提供商提供无线接入服务，降低了运营成本和风险。对于用户而言，用户选择的服务种类、服务质量有极大的提升。

以内容/服务提供商为核心的移动电子商务价值链缺点包括：对于内容/服务提供商而言，要开发创新服务和产品，需要投入巨大的成本，同时面对市场环境的不确定性，内容/服务提供商面临极大的成本风险；对于移动网络运营商而言，由于只是提供网络接入服务，对用户的需求越来越不了解，失去了用户核心资源，而且随着内容/服务提供商实力的增强，有可能受控于内容/服务提供商。

3. 以平台提供商为核心的移动电子商务价值链

我国移动电子商务的快速发展促进了有实力的企业自主开发移动电子商务平台，于是出现了以平台提供商为核心的移动电子商务价值链。在这种移动电子商务价值链模型中，一些具有较高技术实力的信息产业公司在自主研发的前提下，建立与维护移动电子商务技术平台，自主发展商业服务商，同时向多个移动网络运营商提供业务接入服务，多个移动网络运营商利用此平台向移动用户提供服务。

如图 4-7 所示，在以平台提供商为核心的移动电子商务价值链上，平台提供商自主开发、搭建、维护、运营移动电子商务平台，并整合内容/服务提

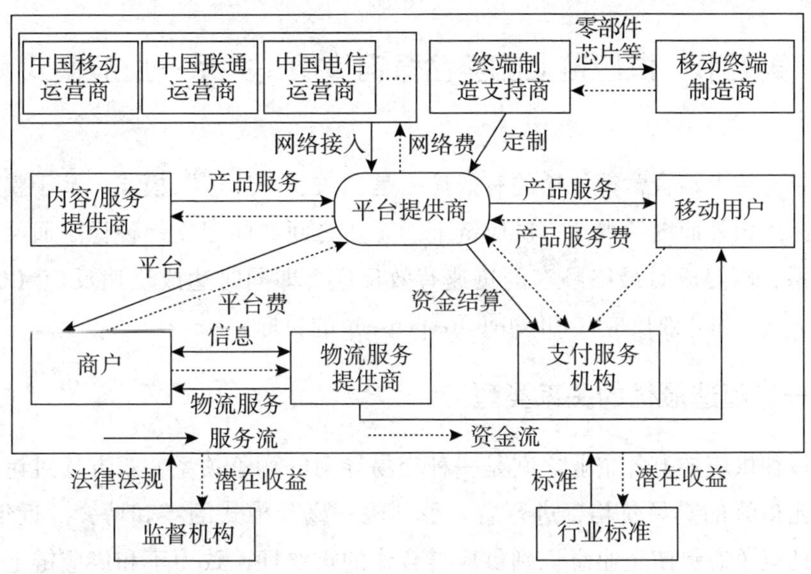

图 4－7　以平台提供商为核心的移动电子商务价值链

供商的应用服务，移动网络运营商只需与平台提供商合作，分享利润。

以平台提供商为核心的移动电子商务价值链优点包括：对于平台提供商而言，搭建统一的移动电子商务平台，容易被移动电子商务市场接受，有利于促进移动电子商务产业发展。对于移动网络运营商而言，与平台提供商合作，不必承担额外的开发成本和风险，同时能获取利润。对于用户而言，可以享受更多的服务。

以平台提供商为核心的移动电子商务价值链缺点包括：对于平台提供商而言，移动电子商务平台的开发、建设、运营在不确定性的环境中具有很大的成本风险。对于移动网络运营商而言，失去了价值链中的主导地位，随着竞争的加剧，所得的利润会越来越少。对于用户而言，由于平台提供商对内容和服务的控制，用户所能接受的内容/服务受到限制。

在这三种价值链中，为了获得更多的利益、掌控价值链上更多的参与者，无疑每个参与者都想在整个移动电子商务交易活动中占据核心地位。移动电子商务发展比较成熟的韩国、日本等主要是移动网络运营商、内容/服务提供商、平台提供商的竞争。对于中国而言，移动电子商务发展之初到现阶段，虽然有很多竞争者出现，但移动网络运营商的核心地位仍没有动摇，并预计今后相当一段时间内其核心地位仍难以撼动。

第五节 供应链上的整合营销传播：关系—反应模式

供应链上整合营销传播的有效途径是“关系—反应”模式，基于整体考虑，采用由外而内的视角，供应链上的企业之间共同建立一种稳定而又灵活的关系，以促成对最终顾客的迅速有效反应，即同时达成迅速反应（Quick Response）和有效反应（Effective Response）的目标。

一、塑造最优的关系类型

以往供应链上各企业之间是一种交易导向的竞争关系，双方通过讨价还价确定最终的交易价格，进行着一种“输—赢”模式的零和博弈。近年来，激烈的竞争态势使企业意识到供应链合作的重要性，致力于和供应链上的企业保持紧密关系。然而，供应链上各企业之间的关系并非越紧密越好。关系过于松散，供应链的不确定性增强，供需的时间、数量和质量都无法得到可靠的保障；但关系过于紧密、组织过于僵硬便会将企业牢牢套住，使其难以对动态的环境做出灵活反应。供应链上的整合营销传播要达成整体最优的效果，必须寻求一种最优的关系类型，即在稳定和灵活之间寻找恰当的均衡，建立一种双赢的共生形态。最优的关系类型的塑造从供应商的选择开始，经由组织整合和信息化整合得以最终完成。

（一）选择“和谐”的供应商

有关供应链的研究表明，审慎地挑选供应商非常重要。Harland（哈兰德，1993）的研究发现，挑选供应商越系统、科学，供应链系统的合作在广度和深度上就越成功。根据 Nadler（内德勒，1992）的组织和谐理论，以组织特征的“和谐”为标准选择供应商大大降低了建立和保持伙伴关系的成本。组织的相似性能使供应链上的联系更为密切，能够帮助系统通向成功。在这里，“和谐”也有“合适”“相似”或者“合作”之意，专指组织和谐。该理论指出，组织的效果是由组织的各部分相互咬合的程度来衡量的。如果将范围扩大到多个组织之间，则组织间系统的效果由不同组织相互咬合的程度来决定。组织的一个主要功能是完成从输入到输出的转换：工作、员工、组织安排以及信息管理，而其各个构成要素之间必须相互和谐。从多个组织构成的系统来看，就意味着一个伙伴企业的需求、目标、结构必须和另外的企业一致或者相似，以保证合作的成功。

考虑和谐标准有非常重要的理由：供应链上的整合营销系统将供应链上多个企业的活动进行整合，供应链上的某一脆弱的、不可靠的关系将对整个系统构成巨大威胁。Chen and Williams（陈和威廉姆斯，1998）认为，寻找双方组织特征中的一致性无论对中心企业还是外围企业都非常重要，为了减少风险和不确定性，选择的合作伙伴往往要求企业文化相似甚至连企业规模也相近。Rebecca（瑞贝卡，2000）就伙伴关系提出了大量的和谐要求：管理风格、变革的领导、远景、技术发展的设想、决策模式、价值观、革新的观念、管理信息化的态度。

总体看来，所谓和谐首先就是要求供应链的各企业之间要有一致的战略取向，然后还要有足够的物力和人力资源保证战略的实施。组织结构和企业文化的相似可以大大提高沟通的效率，降低协调成本。

（二）组织整合

供应链上的各企业正从开放的竞争向更大的由各种合作形式组成的连续统一体（见表4－4）中移动，不同的企业之间可以有不同的合作程度和合作方式，其目的、期望、最佳的行动方式以及取得的效果都有所不同。这意味着供应链上的企业在组织整合问题上可以有多种选择，应该突出柔性的特点。

表4－4　　　　供应链关系的连续统一体

	竞　争	合　作
利益	竞争导致松散的合作关系	信任和公开促进了企业效益
目的	采用市场压力和有效的谈判能力产生最佳交易	共同发展以创造出新的精干的供应链
期望	短期合作	长期合作
价格	接受价格	产生价格
最佳行动	竞争强调的是确定价格； 执行合同和强制性地改进目标； 公开成本账户，具有全面的透明度	是获得可接受的利润和收回投资的主要方法； 联合开发，联合营销； 共担风险和投资

供应链上的组织整合（见表4－5）可以有多种形式，如网络组织、战略联盟、特许经营、合资、控股、收购、兼并以及各种非正式、具有弹性的协议。这些形式处在“市场”与“科层组织”这两极之间。以股权为基础的整合形式（股权式整合）是指供应链上的企业之间相互持有股份或共同投资设立新的组织实体，属于科层组织，其治理结构比较复杂，控制力也较强；其他以契约为基础的整合形式（非股权式整合），比较靠近市场，不需要建立新的组织，各企业之间相对独立，控制力较弱。

表4－5　　组织整合的形式和特征

	松散（市场）关系	契约关系	所有关系	正式一体化
组织整合的形式	网络组织，机会性的联盟	分包经营，特许经营	联营，合资企业	收购和兼并
	资产不需联合管理	资产管理可被隔离	资产需要联合管理	
	资产能力独立出来	资产/技术能独立出来		资产不能独立出来

供应链上的组织整合能通过套牢（Lock－in）供应商或客户的方式保持链上企业之间关系的稳定。所谓套牢，是指企业进行品牌、技术或关系的转换，必须以付出相当大的成本为代价。套牢起因于资产专属性（Asset Specificity）所衍生的转换成本，转换成本越高，套牢越深。资产专属性是指企业投资某一种特殊的活动，一旦该投资的资产缺乏市场流通性或因契约被终止时，就必须负担庞大的成本，这个成本就是转换成本，用以衡量使用者被套牢的程度。组织整合的各种不同形式带来不同程度的资产专属性，其引致的资产专属性越高，供应链上企业相互依赖的程度也随之提高，它们越倾向于维持彼此的合作关系。组织整合能够减少投机行为的发生，从而降低相互之间的交易成本。Williamson（威廉姆森，1985）认为在交易过程中，会因人性因素（有限理性、投机行为）、环境因素（不确定性、少数交易）及信息不对称、交易氛围的交互影响，导致市场失灵，造成市场交易困难并产生交易成本。这是因为一旦供应链上的企业确定了伙伴关系，建立了相应的组织机构并以此为基础转换供应链的整体运营模式之后，在一定年限内必会维持稳定的合作关系。倘若在此期间内关系遭到破坏，则链上企业便会面临着投资无法收回的困境，并且会因为无法找到合适的合作对象而蒙受损失。

套牢可能带来的负面效应就是使企业缺乏灵活性。当伙伴企业跟不上发展的步伐或者市场上有更好的合作对象出现的时候，企业往往受制于巨大的转换成本很难进行更换。同时，套牢也不利于企业向其他业务市场的扩张。

竞争环境的急剧变化决定了企业和其供应商的关系是动态发展而非固定不变的，他们是达到目的的手段而不是目的本身。因此，供应链上的企业必须选择最适当的组织形式整合相互之间的关系。这种组织形式可以是从市场到科层组织这一连续统一体中的任何一点。偏向市场化还是偏向科层组织，要根据供应链整体战略的需要以及该企业对供应链的作用大小来决定，要针对不同的合作伙伴选择最优的组织整合形式，其最终目标就是在稳定和灵活之间保持恰当均衡，寻求最低的交易成本，使整条供应链能以最低的成本让渡最大的价值给顾客。

（三）信息化整合

在供应链整合营销传播的基本框架中，企业内部系统主要考虑的是企业内部不同部门之间整合的形式和程度；而企业外部系统考虑的是不同组织间的信息、产品和服务的交换以及相互关系。企业和其供应商整合的程度越高，外部系统的复杂性越小，而内部系统的复杂性增加。因此，供应链上的企业应该借助信息化将内部和外部系统有效地整合起来，实现整体最优。

所谓信息化整合指的是供应链上的企业把通过电子商务、互联网等得到的相关信息，经过互联网数据中心（IDC）的统计与分析，以跨组织的网络系统与合作伙伴进行沟通，同时将企业资源计划（ERP）系统及供应链系统联结，与所有伙伴企业的数据进行共享，在企业内部和企业之间通过网络进行协调，建立顾客关系管理机制并完成向新的经营模式的转变。

整合后的供应链能大幅提高运行职能的效率，包括：①数据库管理——将标准化的数据储存在一个动态的数据库，使其在整个供应链上顺畅流通；②业务流程管理——训练、组织、激励供应链上的管理者，形成一个协调的团队，分享知识与信息；③互动管理——知道在什么时候及使用什么方式与链上的合作伙伴进行沟通，有条理地管理这些互动；④顾客生命周期管理——经由每一阶段的关系追踪顾客，由最初接触、建议、合约、协商、承诺、交货、安装、回馈到再次销售。

信息化整合的基础设施是跨组织信息系统（Inter - organizational Information System，IOS），它包括电子邮件（E - mail）、企业内部网络（Intranet）、企业之间网络（Extranet）、互联网（Internet）、企业资源计划（ERP）和客户关系管理（CRM）软件、电子交易标准等。供应链借助 IOS 进行信息化整合的初衷是对供应链提供信息支持。这促使我们必须从一个更宽广的视野看待信息化整合，它整合的内容不仅包括传统的供应链上的信息系统，还包括整条供应链上企业之间的合作机制和相互关系。

二、促成迅速、有效的反应

供应链上的整合营销传播对运营层面和战略层面都产生了重要影响。在运营层面，整合营销传播可以提高信息交换的速度和准确性，将参与企业的运营整合起来，从根本上转变单个企业的业务流程，从而提高整条供应链的运营效率。在战略层面，随着近年来伙伴关系和战略联盟越来越普遍，整合营销传播逐渐完成向战略驱动型的转变。供应链上的整合营销传播从根本上改变了企业从事商业活动的模式。链上的企业通过这种方式把自身的资源集中在关键的职能或流程，把不同来源的知识在一个共用的平台共享，从而提高产品开发能力和顾客服务水平，增强战略柔性，达成迅速反应和有效反应的目标。

（一）迅速反应

迅速反应是在少量多品种的买方市场环境中，因顾客的需求而以最快的速度生产顾客所需的商品或服务。迅速反应在于提高整条供应链对市场的敏感性和反应能力，以满足消费者对时尚的追求，同时使供应链始终保持其在竞争中的不败地位。在迅速反应战略中，时间被看作决定经营绩效的重要因素，缩短经营循环时间就成为迅速反应战略的核心。

供应链的经营循环与子循环（单次经营循环）是指从收到顾客的订单起，到产品的产出，再经过产品的装运、交货的完成直至收到顾客支付货款为止的一整套活动过程。供应链上的整合营销传播致力于缩短经营循环的时间，有效提高供应链的价值传递系统的效率，及时满足客户的需求，从而提高其市场竞争能力。

供应链上的企业经由信息化整合建立了网络市场和信息化的组织结构，从而使供应链上相邻的步骤可以更紧密地结合在一起。信息化整合大大缩减了信息交换的时间和成本，把从供应商到购买者这个过程更紧密、有效地联系起来，帮助他们为每项交易搜寻和挑选合适的交易方并满足他们的需要。

供应链上的企业可以通过 IOS 将业务往来文件资料（如发票、采购单），以标准化的格式，直接以电子传输的方式在双方的电脑系统中互相递送，满足大量交易及高速传输的需求。IOS 对后勤的支持有：缩短订单处理的周期，减少交易处理的人工费用，减少对订单、发票及其他文件处理的出错率，改善对作业的控制等。IOS 也是连接与整合供应链上所有环节——顾客、供应商、运输业者、公共仓库等的有效途径。

为达到迅速反应的目标，供应链上的企业把零售店资料经由 IOS，传递至制造商及供应商，进行市场和产品趋势分析及预测，进而决定供货的时间与数量。供应商、制造商、零售商之间的订单、交货、验收、发票、应付账款等也应借助 IOS 加快运作的速度。供应链上企业在应用先进的信息技术的同时也经由信息化整合进行企业内部流程的改造及员工工作文化的改造，从而真正缩短供应链作业的周期时间，达成实施迅速反应管理的目标。

（二）有效反应

在激烈的竞争中，商品市场逐渐趋向饱和及均衡状态。对于企业而言，以产品力为基础的产品差别化变得非常困难；开发创造性的新技术或新产品的难度加大，即使开发出新产品，由于仿制品会很快上市，产品的先占效果也很难实现。随着企业竞争态势的演化，整合营销传播在产品和服务的定位，以及差异化方面扮演了越来越重要的角色。供应链上的企业必须经过整合营销传播从而形成对顾客需求的有效反应，也就是说生产出最确切、最真实反映顾客需求的产品或服务，并以顾客最喜欢、最便利的方式将产品或服务让渡给顾客。

供应链上整合营销传播达成有效反应的基本思路是，采用由外而内的视角，以顾客为出发点，用顾客的实际需求来“拉动（Pull）”产品生产或服务。管理人员要从顾客价值的角度来定义产品或服务，并在不断提高顾客价值的情况下，寻求最低的交易成本。“拉式”战略促成了定制化产品与服务，个性化（Personalization）或定制化（Customization）是供应链上的企业运用组织整合和信息化整合所创造出来的优势，整合营销传播的优越性在于供应链上的企业之间以及供应链与最终顾客所建立起的友善互动关系，并且能够提供定制化的产品组合和个性化的交易流程。

产品组合定制化的基本思想是让产品或服务更具弹性，让产品和作业流程融入顾客的意见以持续改进，它甚至可以赋予顾客自行设计产品组合的能力，让顾客能自行选择、组装自己喜欢的产品或服务。具体而言，供应链上的组织整合及信息化整合支持和促进了定制化的四个阶段的实施：供应链的下游企业广泛收集与顾客需求有关的信息，通过 IOS 在整条链上形成共享；在分析顾客需求与供应链的实际能力的基础上提供一套专为特定需求设计的服务或产品；利用顺畅的通路将产品送到顾客手中；分析购买记录，根据盈利性、忠诚度、个人偏好等特征将顾客分类，并将其资料储存在共享的数据库中。相比只提供差异化产品，企业提供定制化产品能使顾客的满意度更高。对于企业来说，定制化的产品可收取较高的溢价，获利水平提高，供应链的整体竞争优势得到加强。

供应链上的整合营销传播还能够实现从顾客角度由外而内地设计交易流程，使服务和交易的过程能根据顾客的需要来量身定制，达到交易流程的个性化。Seybold 和 Marshak（司博德和马萨克，1998）提出交易流程个性化的三点要求：①提供充分信息协助顾客进行交易；②让顾客选择交易媒介，如电话、电子邮件、网络或传真等；③让顾客能在线自行查询订单处理进度、提供多种付款方式。

供应链上的信息化整合提供的多元化的沟通渠道和迅捷的传递速度能有效保证这些目标的实现。此外，IOS 包括的文档、音频、视频等多种沟通模式让顾客能够更充分、更准确地描述自身需求，让企业能够更形象地展示自己的产品。它还可以改善企业对顾客要求的回应，大幅提高对顾客的回复率，加强与顾客的良性互动，奠定牢靠的顾客关系。

第六节　供应链整合营销策略

一、体系的研究内容

供应链整合营销策略体系是基于以下条件考虑的。

（1）供应链的营销策略是多个营销策略的集合，其整合体系的研究重点考察有关4Ps理论，即产品、价格、分销、促销四个方面策略的整合过程，并与消费者、付出的成本、为消费者所提供的方便、产品与消费者的沟通策略，即4Cs理论相结合，以价值链的资源整合为主线，形成供应链整合营销策略体系。

（2）依照营销策略组合的不同方式，区分出各整合营销策略，即形成：供应链价格整合营销策略、供应链产品整合营销策略、供应链分销整合营销策略、供应链促销整合营销策略。

（3）考虑服务对四种整合营销策略都有很大的影响，则增加供应链服务整合营销策略。

（4）根据各整合营销策略的特点，在供应链上对各企业的主要内容进行整合与协调，设计出各整合营销策略的整合程序，针对整合过程中可能出现的困难与控制重点进行制度化设计，从而使供应链整体上形成对最终用户统一的策略形象，以求其在市场竞争条件下的核心竞争力显性化，让消费者认同其重要竞争优势，使供应链形成长期稳定的发展。

二、供应链整合营销策略

（一）产品策略

供应链产品整合营销策略是以产品为重点的营销策略，其他营销策略则居于从属地位，其整合也是围绕产品这个主线来进行。在供应链的分类中，耐用消费品供应链具有明显的供应链产品整合营销策略特征。在对现实市场的考察中，创新产品、系列产品的供应链大都以产品策略为主。

在一个供应链中，新产品的形成，可以是原有产品供应链中部分链上企业的产品创新结果，这时，链上部分企业的创新就体现了供应链的创新问题，此时对供应链整体来说，不要求供应链的结构有大的变化，只需供应链上相邻企业与其创新的部分相融合即能够满足整体的要求，供应链是渐变结构链；也可能是供应链整体综合创新的结果，此时，对供应链的要求很高，甚至要求重组供应链，这既有优化供应链的特征，又体现出供应链结构重组的特征，以满足供应链的整体创新性得以贯彻和执行。

依据以上两种供应链新产品的形成过程，此时对供应链的考核重点因素包括产品的创新性、产品的适用性、产品的功能特征、产品的质量特征、产品的生产特性等；其供应链产品整合营销策略的研究内容是：对供应链上各企业从产品概念设计开始，直到最终产品形成并送达到消费者手中为止的整个过程进行资源整合，整合各企业的产品设计功能与产品结构化设计，充分考虑消费者对最终产品的适用性和功能性的要求，从供应链整体上解决产品的更新与发展问题。此时，为适应这种发展的要求，对加入供应链的企业组织形式要有所限制，要求供应链上企业依照项目的组织形式来运转和管理，当新产品出现时，按项目管理的方式重组可以使企业不必全部改变企业组织结构，只对相应的项目进行调整即可达到符合新产品设计的要求与组织形式，整体可以在原有供应链的基础上进行，其整合的过程也是平稳的过渡过程，其融合的时间与谈判的难度都较小。

供应链管理的深入研究应该从消费者的需求及其变化入手，应该对供应链间的竞争进行理性考察，应该对供应链营销策略的整合过程与方式加以综合研究。通过对供应链营销策略的整合趋势研究，建立供应链整合营销策略体系，由市场竞争和需求变化特征推演出节点企业营销策略的整合过程与方法，可以为供应链整体区分产品与价格整合营销策略创建科学考核依据。

（二）价格策略

供应链价格整合营销策略是以价格为主要策略考核因素，以其他三个策略因素作为次要的辅助因素的整合营销策略。在现实市场条件下，很多商品的价格是敏感的。如普通生活用品、有重复购买特征的消费品、同质化产品等，都存在着价格弹性，当价格变化时，消费者的需求量有较大反向变化，这时可寻求最佳价格——产量策略。如果生产的这类产品的组织是多个相关企业组成的供应链联盟，则可以认为形成了以价格为主的营销策略的供应链。价格整合营销策略要求节点企业通过协商形成供应链中各中间产品的价格机制，以最终消费者的购买价格或市场预测的价格为依据，用倒推的方法确定各中间产品的价格，由于产品价格等于产品成本加产品利润，因此在整个供应链上，供应链整体表现的价格是各节点企业产品的成本与其利润的集合。确定价格的重点在于供应链上各企业的成本水平和利润率水平。其利润率水平要求在供应链中通过谈判来解决，其中，企业的市场表现力、促销能力、核心竞争能力等是其谈判博弈的重点内容；在供应链上，各企业的成本降低也是企业注重的问题，在成本测定过程中，针对企业常常出现的成本测不准问题，可以按照成本动因来进行成本测定与管理，即采用作业成本管理（AB-CM）的方法来确定供应链的成本，并依据各项活动的成本动因来归集和管理供应链上的各种资源，通过整合供应链上各企业在分销、促销、服务等方面的资源而达到成本最优化。

第五章　大数据与大数据营销

第一节　大数据

一、大数据的概念与内涵

大数据一词被人们用来描述和定义在信息爆炸时代产生的海量数据和信息。大数据是指那些大小已经超出了传统意义上的尺度，一般的软件工具难以捕捉、存储、管理和分析的数据。人类对于数据的计量单位已经从位、字节、千字节、兆字节、太字节走向了泽字节甚至尧字节。

最早提出大数据时代的是全球知名的咨询公司——麦肯锡公司。之后大数据时代的预言家——维克托·迈尔-舍恩伯格对大数据时代给出了自己的理解，开创了大数据研究之先河。在《大数据时代》一书中，他提出大数据时代的思维变革，商业变革，管理变革，开启了重大的时代转型。

随着大数据的流行，大数据的定义呈现多样化的趋势，达成共识非常困难。本质上，大数据不仅意味着数据的大容量，还体现了一些区别于“海量数据”和“非常大的数据”的特点。实际上，不少文献对大数据进行了定义，其中三种定义较为重要。

（1）属性定义（Attributive Definition）。IDC（国际数据中心）是研究大数据及其影响的先驱，其在2011年的报告中定义了大数据：“大数据技术描述了一个技术和体系的新时代，被设计于从大规模多样化的数据中通过高速捕获、发现和分析技术提取数据的价值。”这个定义刻画了大数据的4个明显特点，即容量（Volume）、多样性（Variety）、速度（Velocity）和价值（Value），而这一定义的使用也较为广泛。类似的定义也出现在2001年分析师Doug Laney（道格·莱尼）的研究报告中，他注意到数据的增长是三维的，即容量、多样性和速度的增长。

尽管三维定义没有完整描述大数据，Gartner（加特纳）和多数产业界巨头如 IBM（国际商业机器公司）和 Microsoft（微软）的研究者们仍继续使用三维模型描述大数据。

（2）比较定义（Comparative Definition）。2011 年，McKinsey（麦肯锡）公司的研究报告中将大数据定义为“超过了典型数据库软件工具捕获、存储、管理和分析数据能力的数据集”。这种定义是一种主观定义，没有描述与大数据相关的任何度量机制，但是在定义中包含了一种演化的观点（从时间和跨领域的角度)，说明了什么样的数据集才能被认为是大数据。

（3）体系定义（Architectural Definition）。美国国家标准与技术研究院则认为：“大数据是指数据的容量、数据的获取速度或者数据的表示限制了使用传统关系方法对数据的分析处理能力，需要使用水平扩展的机制以提高处理效率。”此外，大数据可进一步细分为大数据科学（Big Data Science）和大数据框架（Big Data Frameworks）。

大数据科学是涵盖大数据获取、调节和评估技术的研究；大数据框架则是在计算单元集群间解决大数据问题的分布式处理和分析的软件库及算法，一个或多个大数据框架的实例化即为大数据基础设施。

二、大数据国内外研究现状

（一）国内研究现状

我国政府、学术界和产业界也早已经开始高度重视大数据的研究和应用的工作，并纷纷启动了相应的研究计划。鉴于我们的了解所限，本书仅能够简要介绍其中的一些。在政府层面，中华人民共和国科学技术部（简称科技部）“十二五”规划部署了关于物联网、云计算的相关专项。2012 年，中国科学院院长白春礼院士呼吁中国应制定国家大数据战略。同年 3 月，科技部发布的《“十二五”国家科技计划信息技术领域2013 年度备选项目征集指南》中的“先进计算”板块已明确提出“面向大数据的先进存储结构及关键技术”，国家“973 计划”“863 计划”、国家自然科学基金等也分别设立了针对大数据的研究计划和专项。目前已立项“973 计划”项目 2 项，“973 计划”青年项目 2 项，国家自然科学基金重点项目 2 项。地方政府也对大数据战略高度重视，2013 年上海市提出了《上海推进大数据研究与发展三年行动计划》（2013—2015 年），重庆市人民政府印发了《重庆市大数据行动计划》，2014 年广东省成立大数据管理局，负责研究拟订并组织实施大数据战略、规划和政策措施，引导和推动大数据研究和应用工作。贵州、河南和承德等省市也都推出了各自的大数据发展规划。在学术研究层面，国内许多高等院校和研究所开始成立大数据的研究机构。与此同时，国内有关大数据的学术组织和活动也纷纷成立和开展。2012 年中国计算机学会和中国通信学会都成立了大数据专家委员会，中华人民共和国教育部也在中国人民大学成立“萨师煊大数据分析与管理国际研究中心”。近年来开展了许多学术活动，主要包括中国计算机学会大数据学术会议、中国大数据技术创新与创业大赛、大数据分析与管理国际研讨会、大数据科学与工程国际学术研讨会、中国大数据技术大会和中国国际大数据大会等。

大数据的快速发展，使之成为信息时代的一大新兴产业，并引起了国内外政府、学术界和产业界的高度关注。

（二）国外研究现状

早在 2009 年，联合国就启动了“全球脉动计划”，拟通过大数据推动落后地区的发展，而 2012 年 1 月的世界经济论坛年会也把“大数据，大影响”作为重要议题之一。在美国，2009 年至今，美国政府数据库全面开放了 40 万政府原始数据集，大数据已成为美国国家创新战略、国家安全战略以及国家信息安全战略的交叉领域和核心领域。2012 年 3 月，美国政府提出“大数据研究和发展倡议”，发起全球开放政府数据运动，并投资 2 亿美元促进大数据核心技术研究和应用，涉及 NSF（美国国家科学基金会），DARPA（美国国防部高级研究计划局）等 6 个政府部门和机构，把大数据放在重要的战略位置。英国政府也将大数据作为重点发展的科技领域，在发展 8 类高新技术的 6 亿英镑投资中，对大数据的注资占三成。2014 年 7 月，欧盟委员会也呼吁各成员国积极发展大数据，迎接大数据时代，并将采取具体措施发展大数据业务。如建立大数据领域的公私合作关系；依托“地平线 2020”科研规划，创建开放式数据孵化器；成立多个超级计算中心；在成员国创建数据处理设施网络。在学术界，美国麻省理工学院（MIT）计算机科学与人工智能实验室（CSAIL）建立了大数据科学技术中心（ISTC）。ISTC 主要致力于加速科学与医药发明、企业与行业计算，并着重推动在新的数据密集型应用领域的最终用户体验的设计创新。ISTC 将 MIT 作为中心学校，研究专家来自麻省理工学院、加州大学圣塔芭芭拉分校、波特兰州立大学、布朗大学、华盛顿大学和斯坦福大学 6 所大学。通过明确和资助领域带头人、提供合作研究中心来发掘共享、存储和操作大数据的解决方案，涉及英特尔、微软、易安信等多家国际产业巨头。同时，英国牛津大学成立了首个综合运用大数据的医药卫生科研中心，该中心的成立有望给英国医学研究和医疗服务带来革命性变化，它将促进医疗数据分析方面的新进展，帮助科学家更好地理解人类疾病及其治疗方法。该中心通过收集、存储和分析大量医疗信息，确定新药物的研发方向，减少药物开发成本，同时为发现新的治疗手段提供线索。

而以英国为首的欧洲核子研究组织也在匈牙利科学院魏格纳物理学研究中心建设了一座超宽带数据中心，该中心将成为连接欧洲核子研究组织且具有欧洲最大传输能力的数据处理中心。在产业界，国外许多著名企业和组织都将大数据作为主要业务，例如国际商业机器公司，微软，易安信，戴尔，惠普等国际知名厂商都提出了各自的大数据解决方案或应用。国际商业机器公司宣布了收购 Star Analytics 软件产品组合的消息。除了 Star Analytics，在国际商业机器公司最新的收购计划中，Splunk 和 NetApp 是最热门的收购目标。据不完全统计，从 2005 年起，IBM 花费超过 160 亿美元收购了 35 家与大数据分析相关的公司。

此外，IBM 还和全球千所高校达成协议，在大数据的联合研究、教学、行业应用案例开发等方面开展全面的合作。无疑，欧美等国家对大数据的探索和发展已走在世界前列，各国政府已将大数据发展提升至战略高度，大力促进大数据产业的发展。在产业层面，国内不少知名企业或组织也成立了大数据产品团队和实验室，力争在大数据产业竞争中占据领先地位。

三、大数据及大数据分析发展历程

2002 年，“9・11”事件后，美国政府为阻止恐怖主义已经涉足大规模数据挖掘。前国家安全顾问约翰・波因德克斯特领导国防部整合现有政府的数据集，组建一个用于筛选通信、犯罪、教育、金融、医疗和旅行等记录来识别可疑人的大数据库。一年后国会因担忧公民自由权而停止了这一项目。2004 年“9・11”事件委员会呼吁反恐机构应统一组建“一个基于网络的信息共享系统”，以便能快处理应接不暇的数据。

大数据在云计算出现之后才凸显其真正价值，谷歌在2006年首先提出云计算的概念。2007—2008年随着社交网络的激增，技术博客和专业人士为大数据概念注入新的生机。“当前世界范围内已有的一些其他工具将被大量数据和应用算法所取代”。《连线》的克里斯·安德森认为当时处于一个理论终结时代。一些政府机构和美国的顶尖计算机科学家声称“应该深入参与大数据计算的开发和部署工作，因为它将直接有利于许多任务的实现”。2008年9月，《自然》杂志推出了名为大数据的封面专栏。

2009年印度建立了用于身份识别管理的生物识别数据库；2009年联合国全球脉冲项目已研究了如何利用手机和社交网站的数据源来分析预测从螺旋价格到疾病暴发之类的问题；2009年美国政府通过启动数据网站的方式进一步开放了数据的大门，该网站的超过4.45万数据集被用于一些网站和智能手机应用程序以跟踪信息，这一行动激发了从肯尼亚到英国范围内的政府部门相继推出类似举措；2009年，欧洲一些领先的研究型图书馆和科技信息研究机构建立了伙伴关系致力于改善在互联网上获取科学数据的简易性。2010年肯尼斯·库克耶发表大数据专题报告《数据，无所不在的数据》；2011年2月，扫描2亿年的页面信息或4兆兆字节磁盘存储，只需几秒即可完成。IBM的沃森计算机系统在智力竞赛节目《危险边缘》中打败了两名人类挑战者。后来纽约时报配音这一刻为一个大数据计算的胜利。大数据时代已经到来出现在2011年6月麦肯锡公司发布的关于大数据的报告，正式定义了大数据的概念，后逐渐受到了各行各业关注；随着2012维克托·迈尔-舍恩伯格（最早洞见大数据时代发展趋势的数据科学家之一）及肯尼斯·库克耶的《大数据时代》一书出版，把大数据的影响分为三个不同的层面来谈，分别是思维变革、商业变革和管理变革。大数据这一概念乘着互联网的浪潮在各行各业中扮演了举足轻重的角色。

2013年被称为中国的大数据元年，这一年大数据开始在我国逐渐展开，以势不可当的姿态进入人们的思想意识，并在社会的各个领域探索与落地实践。2013年1月1日，阿里巴巴网络技术有限公司（简称阿里巴巴）转型重塑平台、金融和数据三大业务。阿里巴巴是最早提出通过数据进行企业数据化运营的企业。2013年在全球70个开放数据国家和地区中，中国仅位列第35位。

2013年英国政府宣布注资6亿英镑发展8类高新技术，其中，1.89亿英镑用来发展大数据技术，旨在开放欧洲联盟（简称欧盟）公共管理部门的所有信息。2014 年 3 月，贵州省在北京宣布大数据产业启航；2014 年 5 月，美国政府发布了 2014 年全球大数据白皮书的研究报告《大数据：抓住机遇、守护价值》；2014 年数据开放运动已覆盖全球 44 个国家。2014 年，大数据首次出现在我国当年的《政府工作报告》（以下简称《报告》）中。《报告》中指出，要设立新兴产业创业创新平台，在大数据等方面赶超先进，引领未来产业发展。2014 年，中华人民共和国国务院通过《企业信息公示暂行条例》，要求在企业部门间建立互联共享信息平台，运用大数据等手段提升监管水平，大数据成为国内热议词汇。

2015 年 10 月，党的十八届五中全会公报提出要实施国家大数据战略，这是大数据第一次写入党的全会决议，标志着大数据战略正式上升为国家战略，十八届五中全会开启了大数据建设的新篇章。2016 年 12 月 18 日中华人民共和国工业与信息化部《大数据产业发展规划（2016—2020 年）》正式印发。《中国大数据发展调查报告（2017 年）》称，2016 年中国大数据市场规模为 168. 0 亿元，增速达 45%；预计 2017—2020 年增速保持在 30% 以上。2017 年，在政策、法规、技术、应用等多重因素的推动下，基本形成了跨部门数据共享共用的格局。京、津、沪、渝、冀、辽、贵、晋等省市政府相继出台了大数据研究与发展行动计划，整合数据资源，实现区域数据中心资源汇集与集中建设。在北京、上海、贵阳开展了大数据标准试点示范。全国至少已有 13 个省成立了 21 家大数据管理机构，已有 35 所本科学校获批“数据科学与大数据技术”本科专业，62 所专科院校开设“大数据技术与应用”专科专业，申报数据科学与大数据技术本科专业的学校达 293 所。

2017 年是我国大数据产业快速发展的一年，随着信息技术和人类生产生活的交汇融合，互联网快速普及，从产业的角度看，企业级大数据市场经过两年的酝酿已初具规模，中国企业级大数据进入快速发展时期，产业集聚将进一步特色化发展。随着政策环境和技术手段的不断完善，行业应用持续升温，产业体系初具雏形，支撑能力日益增强。国内许多行业用户如互联网、电信、金融等开始实际部署大数据平台并付诸实践，同时带动软件、硬件和服务市场的快速发展。

2018 年大数据产业或呈现开源大数据商业化进一步深入等七大发展趋势：产业应用将是主旋律。第一，开源大数据商业化进一步深化；第二，打包的大数据行业分析应用开拓新市场；第三，大数据细分市场规模进一步增大；第四，大数据推动公司并购的规模和数量进一步提升；第五，大数据分析的革命性方法出现；第六，大数据与云计算将深度融合；第七，大数据一体机将陆续发布。

2018 年世界各国把推进经济数字化作为实现创新发展的重要动能，在前沿技术研发、数据开放共享、隐私安全保护、人才培养等方面做了前瞻性布局。各国经济社会系统采集、处理、积累的数据增长迅猛，大数据全产业市场规模逐步提升。2018 年的世界经济论坛（达沃斯论坛）等全球性重要会议都把大数据作为重要议题，进行讨论和展望。2018 年美国拉斯维加斯消费电子展上，美国消费技术协会总裁兼首席执行官加里・夏皮罗、英特尔首席执行官布莱恩・克尔扎尼奇等都表示，大数据将对人类生活产生深远影响，大数据是未来科技浪潮发展不容忽视的巨大推动力量，许多国家的政府对大数据产业发展有着高度的热情。2018 年美国希望利用大数据技术实现在多个领域的突破，包括科研教学、环境保护、工程技术、国土安全、生物医药等。其中具体的研发计划涉及了美国国家科学基金会、美国国立卫生研究院、美国国防部、美国能源部、美国国防部高级研究计划局、美国地质勘探局 6 个联邦部门和机构。2018 年欧盟在大数据方面的活动主要涉及四方面内容：研究数据价值链战略因素；资助大数据和开放数据领域的研究和创新活动；实施开放数据政策；促进公共资助科研实验成果和数据的使用及再利用。

2018 年 5 月 23 日，深圳举办 2018 年“大数据审计”专题培训。5 月 24 日，2018 上海大数据人工智能创新应用峰会暨第三届上海 BOT 新零售数据智能创新应用国际大赛发布会在上海市北高新商务中心举行。2018 年 5 月 24 日，洞悉数据经济最新发布，2018 年五个大数据热门岗位包括信息架构师、数据库设计师、数据管理员、数据库管理员、数据科学家，还将会出现数据所有者。

如今，数字经济是各国寻求可持续发展的重要机遇。作为全球经济增长最快的领域，数字经济成为带动新兴产业发展、传统产业转型，促进就业和经济增长的主导力量，直接关系全球经济的未来走向和格局。数字经济既是中国经济提质增效的新变量，也是中国经济转型增长的新蓝海，政府、企业、社会各界都应积极进行数字化转型，促进数字经济健康发展。各方既要为数字经济发展创造良好条件，也要积极应对数字经济发展中可能出现的各种问题，使技术发展真正惠及最广大人民。

四、我国大数据发展情况

我国大数据产业集聚区主要位于经济比较发达的地区，北京、上海、广东是发展的核心地区，之外还有，以贵州、重庆以及内蒙古呼和浩特为核心的大数据产业圈，这些地区拥有知名互联网及技术企业、高端科技人才、国家强有力政策支撑等良好的信息技术产业发展基础，形成了比较完整的产业业态，且产业规模仍在不断扩大。

通过各地规划目标和阶段性实施成果的分析可总结出我国目前大数据发展的四大成效。

（1）区域特色创新发展促进大数据产业快速聚集。总的来说目前我们国家已经形成中西部地区、环渤海地区、珠三角地区、长三角地区、东北地区五大产业区，配合国家大数据综合实验区的建设，整个产业布局将进一步规划。

（2）行业应用逐步深入。通过共享开放推进在政府中的应用，发展工业大数据促进产业转型升级，积极开展金融大数据的应用创新，推动大数据在公共卫生医疗保健中的应用。

（3）政府试点促进数据中心建设迅速提升。现在宽带网络和互联网数据中心都取得了快速的发展。

（4）数据资源整合加快，共享开放的意识增强。截至目前，80%以上省市提出要开展数据共享开放平台的建设，强调政府数据的统筹协调管理。同时建设多个数据交易场所加快政府数据的开放共享，这个模式的大规模推广，将数据的价值不断挖掘出来，使产业特征或市场服务以及用户体验等带来新的价值提升空间。

第二节　大数据应用的发展

数据驱动的应用在过去几十年里已经出现。例如，20世纪90年代在商业领域出现的商业智能，21世纪初期出现的基于数据挖掘的网页搜索引擎。不同时期典型大数据领域中具有高影响力的大数据分析应用的发展情况如下。

一、商业应用演化

早期的商业数据是结构化的数据，由企业或公司收集并存储在关系数据库管理系统中。这些系统应用的数据分析技术通常是直观简单的。Gartner 总结了商业智能应用的常用方法，包括报表、仪表盘、即时查询、基于搜索的商业智能、在线事务处理、交互可视化、计分卡、预测模型和数据挖掘。21 世纪初期，互联网把企业的业务上线，并能和客户直接联系。大量的产品和客户信息如点击流数据日志和用户行为可以通过互联网收集。通过使用不同的文本和网络挖掘技术，可以完成产品优化、客户事务分析、产品推荐和市场结构分析。

据报道，2011 年移动手机和平板电脑的数量首次超过了笔记本和台式电脑。移动手机和物联网构建了具有位置感知、以个人为中心和上下文感知的革新性应用。

二、网络应用演化

早期的网络提供电子邮件和网站服务，因此文本分析、数据挖掘和网页分析技术被用于挖掘邮件内容、创建搜索引擎。

网络数据占据了全球数据的绝大部分，包含文本、图像、视频、照片和交互式内容等多种类型的数据。随后，用于半结构化和无结构数据的分析技术得到了发展。例如，图像分析技术可以从照片中提取有意义的信息，多媒体分析技术可以使商业或军事领域的视频监控系统自动化。2004 年后，诸如论坛、博客、社交网站、多媒体分享站点等在线社交媒体的出现使得用户能够上传和共享丰富的用户自主创造内容。从人们发布的社交媒体内容中可以挖掘每天的热门事件和社会政治观点等，从而提供及时的反馈和意见。

三、科学应用演化

科学研究的许多领域中高生产量的传感器和仪器将产生大量的数据，如天文学、海洋学、基因学和环境研究等学科领域。美国国家基金科学会宣布对大数据项目进行立项，促进数据分享和分析。在有些研究学科领域已开发出对海量数据的分析平台，并取得了有效的成果。例如在生物学科，IPlant（中国植物物种信息系统）利用信息基础设施、物理计算资源和支持互操作的分析软件等，向致力于丰富植物科学知识的研究者、教育者和学生提供数据服务。IPlant 数据集是多样性的数据，包含权威的和供参考的数据、实验数据、仿真建模数据、观察数据和其他处理后的数据。

基于以上的分析，可以将数据分析的研究分为 6 个方向：结构化数据分析、文本分析、网络数据分析、多媒体数据分析、社交网络数据分析和移动数据分析。

结构化数据分析是指传统的数据分析。网络数据、多媒体数据、社交网络数据和移动数据，从数据形态上可能包括结构化数据的某些数据类型（如文本），但是在特定的应用领域里面，具有新的分析要求和特性。所以需要从分析方法的角度对其分别分析，这将在下节进行详细讨论。

第三节　大数据营销

大数据时代，大数据分析技术使传统营销产业产生了颠覆性的改变。

一、大数据营销的时代背景

（一）传统营销竞争激烈

在市场竞争中，企业为了最大化抢占市场份额以及提升利润水平，都在努力地进行产品广告营销。而传统的广告营销主要局限于电视、报纸以及广播等。而电视播出广告的时间是有限的，并且黄金时段的时间更少。同样的报纸与广播的广告资源也十分有限。在这样的背景下企业为了更好地获取优质的广告资源被迫纷纷竞争少量的黄金广告席位。根据中央电视台公布的相关数据显示，2013—2015 年，其每年广告收入均超过 40 亿元，而中央电视台的春晚广告更是高达上千万元/秒。之所以会出现这样的现象都是因为传统营销渠道的资源有限，众多企业不得不竞争一些稀缺的资源。除了在广告市场上营销竞争较为激烈以外，传统营销模式下企业在销售市场上的直接竞争更为激烈。例如，大型的商超之间为了争夺有限的客户资源，而常常采取打折促销以及举行相关活动来吸引消费者。在传统营销环境下企业的竞争较为直接，且日趋激烈。

（二）传统营销成本高昂

对于很多企业而言，营销成本甚至超过了产品生产的其他环节费用，成为仅次于直接生产产品的第二大成本来源。很多企业甚至直言没有广告的投入就没有销量。例如，某碳酸饮料企业每年投入到广告营销的费用占到了总费用的32.7%，而产品生产的直接费用成本也仅为35.4%。传统渠道下巨大的营销成本使得很多企业基本上无利可图。如表5－1所示。

表5－1　2008—2015年传统平台企业营销成本变化占比

时间	电视	报纸	广播	户外广告
2008年	2.834%	2.267%	1.984%	3.117%
2009年	3.752%	3.002%	2.626%	4.127%
2010年	4.028%	3.223%	2.820%	4.431%
2011年	3.103%	2.482%	2.172%	3.413%
2012年	5.637%	4.510%	3.946%	6.201%
2013年	4.329%	3.463%	3.030%	4.762%
2014年	3.577%	2.862%	2.504%	3.935%
2015年	4.874%	3.899%	3.412%	5.361%

注：数据来源于中国企业家协会官方网站。

表5－1是2008—2015年传统平台企业营销成本变化占比。从表5－1所示的数据可以看出，当前我国传统营销平台的成本一直在不断上涨，其中电视与户外广告的成本上升最为迅速。而电视与户外广告也是当前企业进行营销的主要手段，企业在这方面的营销投入越来越高。而这也给企业的发展带来了巨大的成本压力。

（三）传统营销影响范围有限

对于企业而言，最为有效的营销需要让最广的人群接收到其营销信息，而在传统的营销方式中很难让企业的营销信息被大范围的人群所了解。在我国，所有的媒体中全国影响力较大的主要是中央电视台这样的一些国家级新闻媒体单位。而其他媒体则主要局限于省市级的信息传播。对于企业而言，在中央级媒体进行广告营销是可取的，但是这种稀缺的资源很难被一些小企业获得。并且即使有机会获得这种广告投放的权利，也往往无力承担巨额的资金花费。而选择一些地方性的传统平台，其所能影响的范围就十分有限。省级传统信息传播平台的影响人数如图 5－1 所示。

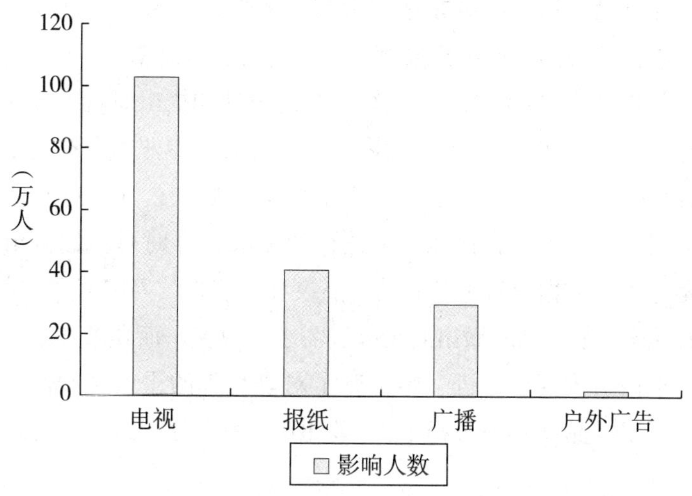

图 5－1　省级传统信息传播平台的影响人数

注：数据来源于中国企业家协会官方网站。

从图 5－1 的数据可知，电视媒体是影响力最广的一种传统平台，一个省级电视频道一天可以影响的人数在 100 万人以上，而户外广告的日影响人数则不足 5 万人。

以湖北省为例，湖北省的常住人口为 6500 万人，电视平台一天所能影响的居民人数只占到总人数的 1.54%，由此可知，影响的范围就十分有限。

二、大数据营销的优势

对比传统营销，大数据营销的作用优势凸显。

（一）以用户需求为基础定制产品

在传统的营销中营销的针对性相对欠缺，企业在进行产品的生产与市场广告宣传时只能进行一个模糊的目标定位。而在大数据时代则可以为企业的产品生产提供一个强有力的数据支撑。在互联网上消费者的浏览足迹会被后台自动记录下来，并且与众多的浏览信息一起被记录和分析。而企业就可以根据这些信息来确定生产什么样的产品，以及在什么时期进行生产和市场投放。以服装的生产为例，企业可以根据众多消费者的网络浏览信息来明确当前消费者喜欢什么风格、颜色及样式，从而生产与消费者浏览量重合的商品。同样根据消费者的浏览时节可以得知消费者在某一时节对哪一款衣服的浏览量大增，从而可确定哪款服装在这一时节已经受到消费者的喜爱。基于这些数据，企业进行产品的生产和投放将产生更高的经营效率。

比如，服装品牌“ZARA”在进行产品的设计和推出时就十分注重对消费者需求信息的分析。在“ZARA”的内部已经组建了专业的全球资讯信息处理中心，对各个分店的客户信息进行定期的收集、处理，并将这些信息集中传达给设计部门的工作人员，让他们在进行产品的设计时可由此做出针对性的改变。正是这种以数据分析为基础的产品设计，使得“ZARA”能够较为迅速了解顾客的具体需求，同时做出满足顾客需求的改变。而顾客在看到“ZARA”为自己的需求做出改变后，进一步提升了对该品牌的忠诚度和满意度。这也是在当前众多服装品牌发展过程中，“ZARA”一直处于市场领先地位的一个重要原因。

（二）提高营销针对性

如何提高企业的营销效益成为每一位企业营销人员和企业管理者都在思考的问题，在商品竞争激烈的社会，传统的“广撒网”方式一是成本高，二是浪费了大量的人力资源。而在大数据时代，企业的营销可以变得更加具有针对性，从而更好地将不同的商品销售给有需要的消费者（顾客）。以大数据为基础的精确营销活动可以分为三个类别。

（1）企业根据顾客的浏览习惯来为其提供针对性的商品。例如，某电子产品销售企业通过大数据分析可以得知 A 顾客经常浏览一些价位在 1000 元以下的手机。这时，企业就可以将当前主要知名品牌的千元以下智能机信息传递给消费者。这样消费者进一步浏览该信息的概率将会出现较大的上升，而且其购买的可能性也较高。

（2）企业根据顾客的购买习惯数据，来为其提供合适的产品。例如，在大数据背景下企业发现 B 客户经常会在互联网上购买一些中等价位的食品，并且这些食品主要是进口食品或者是干货类食品等。那么企业就可以为其整理一类价格中等的进口食品或者是干货类食品，并将这些信息发送给消费者，从而为其提供更好的浏览路径。那么在这种背景下，消费者的点击率和购买率也将得到相应的提升。

（3）企业可以根据消费者在消费过程中对于促销的热衷程度来引导其消费。例如，某企业利用大数据分析可以得知本公司的产品通过优惠券的方式促销时产品的销量状况如何，从而明确优惠券促销对促进销量增长的作用，进而实时推出优惠券等活动来刺激消费者的消费，这也是一种针对性的营销。上述的营销都是企业利用大数据进行分析，并在此基础上来确定顾客的具体需求状况。随后企业提出针对性的营销计划来满足这一类消费者的消费需求，从而帮助企业提高顾客满意度和增强营销效果。

（三）降低营销成本

对于很多企业而言，营销的成本上升是生产经营活动中的主要压力之一，一方面，企业不希望进行大量的营销成本投入；另一方面，又不得不进行大量的营销投入。在这种背景下互联网大数据分析为企业降低营销成本带来了契机。

表5－2是大数据营销渠道与传统营销渠道成本占总营销成本的比重，图5－2是近年来大数据背景下电子营销渠道和传统营销渠道的成本上升变化对比图。从图5－2所示的数据变化中可知，大数据背景下电子营销渠道的成本总体上是在不断下降的，而传统营销渠道的成本还在不断上升。而从表5－2中所反映的数据变化来看，在洗护用品、鞋服类产品以及电子产品等主要日常生活商品中，大数据下的电子渠道成本占总营销成本的比重，均低于同等条件下传统营销渠道的成本比重。

表5－2　部分商品大数据营销渠道与传统营销渠道成本占总营销成本比重

时间	洗护用品		鞋服类产品		电子产品	
	电子渠道	传统渠道	电子渠道	传统渠道	电子渠道	传统渠道
2010年	24.3%	36.7%	16.5%	22.1%	11.2%	14.7%
2011年	23.1%	37.1%	16.8%	23.6%	11.7%	15.9%
2012年	23.2%	37.1%	17.01%	23.9%	10.9%	17.0%
2013年	22.8%	37.8%	16.4%	24.2%	10.8%	17.9%
2014年	22.8%	38.3%	16.3%	24.7%	10.3%	18.2%

注：数据来源于中国企业家协会官网。

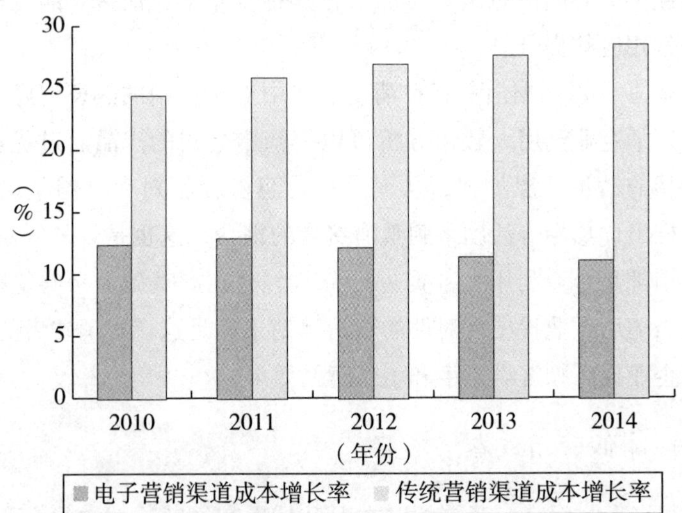

图5-2　2010—2014年基于大数据支持的电子营销渠道和传统营销渠道成本变化

大数据的研究刚刚起步，典型大数据应用的研究能够给商业带来利润，提高政府部门效率，并且促进人类科学的发展。主要的应用场景有图数据并行计算模型和框架，社会网络分析、排名和推荐，Web信息挖掘和检索，媒体分析检索和自然语言处理。数据（Data）是载荷或记录信息时按一定规则排列组合的物理符号，可以是数字、文字、图像，也可以是计算机代码。对信息的接收始于对数据的接收，对信息的获取只能通过对数据背景的解读。

数据与信息的区别在于：数据是对信息数字化的记录；信息是指把数据放置在一定的背景下，对数字进行解释、赋予意义。

难怪人们会抱怨信息过量，因为每个人都受到了急速发展的冲击。数据化意味着我们从太阳底下的事物中吸取信息，甚至包括很多我们以前认为和信息根本搭不上边的事情。他还指出我们用来进行决策的信息必须是少量、精确并且至关重要的。

联系现实，目前互联网的信息量也已经到达了信息爆炸的情况，如何控制用户所看到的信息，提供用户高效的信息直接影响未来大数据时代的发展。因此如何在大数据时代下，改变我们的思维来应对互联网未来更多的信息将是人类的又一大挑战。

大数据营销的科学性主要通过三个层面来建立，第一是能够帮助营销者实现信息的有效控制，并对这些信息进行相关包装、策划；第二是能够精准地瞄准受众，利用恰当的媒体渠道以及营销手段直达目标受众，实现最终提升销售的目标；第三是这些手段、方法能够重复进行。

第六章　商业数据获取的方法与过程

第一节　大数据处理方式

大数据分析是在强大的支撑平台上运行分析算法发现隐藏在大数据中潜在价值的过程，如隐藏的模式（Pattern）和未知的相关性。根据处理时间的需求、大数据的分析处理可以将其分为两类。

一、流式处理

流式处理假设数据的潜在价值是数据的新鲜度（Freshness），因此流式处理方式应尽可能快地处理数据并得到结果。在这种方式下，数据以流的方式到达。在数据连续到达的过程中，由于流携带了大量数据，只有小部分的流数据被保存在有限的内存中。

数据流理论和技术已研究多年，代表性的开源系统包括 Storm、S4 和 Kafka。数据流方式用于在线应用，通常响应时间在秒或毫秒级别。

二、批处理

在批处理方式中，数据首先被存储，随后被分析。Map Reduce 是非常重要的批处理模型。Map Reduce 的核心思想是，数据首先被分为若干小数据块，随后这些数据块被并行处理并以分布的方式产生中间结果，最后这些中间结果被合并产生最终结果。Map Reduce 分配与数据存储位置距离较近的计算资源，以避免数据传输的通信开销。

由于简单高效，Map Reduce 被广泛应用于生物信息、Web 挖掘和机器学习中。通常情况下，数据流适用于数据以流的方式产生且数据需要得到快速处理获得大致结果。因此数据流的应用相对较少，大部分应用都采用批处理方式。

一些研究也试图集成两种处理方式的优点。大数据平台可以选择不同的处理方式，但是两种处理方式的不同将给相关的平台带来体系结构上的不同。例如，基于批处理的平台通常能够实现复杂的数据存储和管理，而基于数据流的平台则不能。在实际应用中，可以根据数据特性和应用需求定制大数据平台。本文将主要针对基于批处理的大数据平台进行探讨。

第二节　数据获取

在大数据价值链中，数据获取阶段的任务是以数字形式将信息聚合，以待存储和分析处理。

数据获取过程可分为三个步骤：数据采集、数据传输和数据预处理。数据传输和数据预处理没有严格的次序，预处理可以在数据传输之前或之后。

一、数据采集

数据采集是指从真实世界对象中获得原始数据的过程。不准确的数据采集将影响后续的数据处理并最终得到无效的结果。数据采集方法的选择不但要依赖数据源的物理性质，还要考虑数据分析的目标。有 3 种常用的数据采集方法：传感器、日志文件和网络爬虫。

（一）传感器

传感器常用于测量物理环境变量并将其转化为可读的数字信号以待处理。传感器包括声音、振动、化学、电流、天气、压力、温度和距离等。通过有线或无线网络，信息被传送到数据采集点。有线传感器网络通过网线收集传感器的信息，这种方式适用于传感器易于部署和管理的场景。例如，视频监控系统通常使用非屏蔽双绞线连接摄像头，摄像头部署在公众场合监控人们的行为，如偷盗和其他犯罪行为。而这仅是光学监控领域一个很小的应用示例，在更广义的光学信息获取和处理系统中（如对地观测、深空探测等），情况往往更复杂。另外，无线传感器网络利用无线网络作为信息传输的载体，适合于没有能量或通信基础设施的场合。近年来，无线传感器网络得到了广泛的研究，并应用在多种领域和场合，如环境、水质监控、土木工程、野生动物监控等。WSNs 通常由大量微小传感器节点构成，微小传感器由电池供电，被部署在应用指定的地点收集感知数据。当节点部署完成后，基站将发布网络配置/管理或收集命令，来自不同节点的感知数据将被汇集并转发到基站以待处理。

基于传感器的数据采集系统被认为是一个信息物理系统（Cyber - physical systems）。

实际上，在科学实验中许多用于收集实验数据的专用仪器（如磁分光计、射电望远镜等），可以看作特殊的传感器。从这个角度，实验数据采集系统同样是一个信息物理系统。

（二）日志文件

日志是广泛使用的数据采集方法之一，由数据源系统产生，以特殊的文件格式记录系统的活动。日志文件对几乎所有在数字设备上运行的应用非常有用，例如，Web 服务器通常要在访问日志文件中记录网站用户的点击、键盘输入、访问行为以及其他属性。有三种类型的 Web 服务器日志文件格式用于捕获用户在网站上的活动：通用日志文件格式、扩展日志文件格式和 IIS 日志文件格式。所有日志文件格式都是 ASCII（美国信息交换标准代码）文本格式。数据库也可以用来替代文本文件存储日志信息，以提高海量日志仓库的查询效率。

其他基于日志文件的数据采集包括金融应用的股票记账和网络监控的性能测量及流量管理。和物理传感器相比，可以将日志文件看作是软件传感器，许多用户实现的数据采集软件属于这类。

（三）网络爬虫

网络爬虫是指为搜索引擎下载并存储网页的程序。网络爬虫按顺序访问初始队列中的一组页面链接，并为所有页面超级链接分配一个优先级。爬虫从队列中获得具有一定优先级的页面链接，下载该网页，随后解析网页中包含的所有链接并将这些新的链接添加到队列中。这个过程一直重复，直到爬虫程序停止为止。网络爬虫是网站应用如搜索引擎和网页缓存的主要数据采集方式。数据采集过程由选择策略、重访策略、礼貌策略以及并行策略决定。

选择策略决定哪个网页将被访问；重访策略决定何时检查网页是否更新；礼貌策略防止过度访问网站；并行策略则用于协调分布的爬虫程序。

传统的网络爬虫应用已较为成熟，已有不少有效的方案。随着更丰富、更先进的网络应用的出现，一些新的爬虫机制已被用于爬取更丰富的互联网应用的数据。除了上述方法，还有许多和领域相关的数据采集方法和系统。例如，政府部门收集并存储指纹和签名等，用于身份认证或追踪罪犯。根据数据采集方式的不同，数据采集方法又可以大致分为以下两类。

（1）基于拉（Pull－based）的方法，数据由集中式或分布式的代理主动收集。

（2）基于推（Push－based）的方法，数据由源或第三方推向数据汇聚点。

日志文件是最简单的数据采集方法，但是只能收集相对一小部分结构化数据；网络爬虫是最灵活的数据采集方法，可以获得巨量的结构复杂的数据。

二、数据预处理

由于数据源的多样性，数据集由于干扰、冗余和一致性因素的影响具有不同的质量。从需求的角度，一些数据分析工具和应用对数据质量有着严格的要求。因此在大数据系统中需要数据预处理技术提高数据的质量。在数据集市里有三种主要的数据预处理技术。

（一）数据集成（Data Integration）

数据集成技术在逻辑上和物理上把来自不同数据源的数据进行集中，为用户提供一个统一的界面。数据集成在传统的数据库研究中是一个成熟的研究领域，如数据仓库（Data Warehouse）和数据联合（Data Federation）方法。ETL是建立数据仓库最重要的处理过程，由以下3个步骤构成，即提取、变换和加载。

（1）提取：连接源系统并选择和收集必要的数据用于随后的分析处理。

（2）变换：通过一系列的规则将提取的数据转换为标准格式。

（3）加载：将提取并变换后的数据导入目标存储基础设施。

数据联合后将创建一个虚拟的数据库，在分离的数据源中查询并合并数据。虚拟数据库并不包括数据本身，而是存储了真实数据及其存储位置的信息或元数据。然而，这两种方法并不能满足流式和搜索应用对高性能的需求，这些应用的数据高度动态化并且需要实时处理。

一般地，数据集成技术最好能与数据流引擎或搜索引擎集成在一起。

（二）数据清洗（Data Cleaning）

数据清洗是指在数据集中发现不准确、不完整或不合理数据，并对这些数据进行修补或移除以提高数据质量的过程。一个通用的数据清洗框架由 5 个步骤构成：定义错误类型、搜索并标识错误实例、改正错误、用文档记录错误实例和错误类型、修改数据录入程序以减少未来的错误。此外，格式检查、完整性检查、合理性检查和极限检查也在数据清洗过程中完成。数据清洗对数据的一致性保持和更新起着重要的作用，因此被用于如银行业、保险业、零售业、电信业和交通业。在电子商务领域，尽管大多数数据通过电子方式收集，但仍存在数据质量问题。影响数据质量的因素包括软件错误、定制错误和系统配置错误等。Kohavi 等讨论了通过检测爬虫和定期执行客户及账户的重复数据删除，对电子商务数据进行清洗。在 RFID（射频识别）领域，RFID 技术用于许多应用，如库存检查和目标跟踪等。然而原始的 RFID 数据质量较低并包含许多由于物理设备的限制和不同类型的环境噪声而导致的异常信息。有人在研究文献中提出了一个概率模型解决移动环境中的数据丢失问题。Khoussainova 等在研究中设计了一个能根据应用定义的全局完整性约束自动修正输入错误数据的系统。数据清洗对随后的数据分析非常重要，因为它能提高数据分析的准确性。但是数据清洗依赖复杂的关系模型，会带来额外的计算和延迟开销，必须在数据清洗模型的复杂性和分析结果的准确性之间找到平衡点。

（三）消除冗余（Redundancy Elimination）

数据冗余是指数据的重复或过剩，这是许多数据集的常见问题。数据冗余无疑会增加传输开销，浪费存储空间，导致数据不一致，降低可靠性。因此许多研究提出了数据冗余减少机制，如冗余检测和数据压缩。这些方法能够用于不同的数据集和应用环境，可以提升性能，但同时也带来一定风险。例如，数据压缩方法在进行数据压缩和解压缩时带来了额外的计算负担，因此需要在冗余减少带来的好处和增加的负担之间进行折中。

由广泛部署的摄像头收集的图像和视频数据存在大量的数据冗余。在视频监控数据中，大量的图像和视频数据存在着时间、空间和统计上的冗余。视频压缩技术被用于减少视频数据的冗余。许多重要的标准（如 MPEG-2，MPEG-4，H.263，H.264/AVC）已被应用，从而减少存储和传输的负担。Tsai 等研究了通过视频传感器网络进行智能视频监控的视频压缩技术。通过发现场景中背景和前景目标相联系的情境冗余，提出了一种新的减少冗余的方法。对于普遍的数据传输和存储，数据去重（Data Deduplication）技术是专用的数据压缩技术，用于消除重复数据的副本。在存储去重过程中，一个唯一的数据块或数据段将被分配一个标识并存储，该标识会加入一个标识列表。当去重过程继续时，标识列表中存在标识的新数据块将被认为是冗余的数据块。该数据块将被一个指向已存储数据块指针的引用所替代。通过这种方式，任何给定的数据块将只有一个实例存在，从而实现减少冗余。

去重技术能够明显地减少存储空间，对大数据存储系统具有非常重要的作用。除了前面提到的数据预处理方法，还有一些对特定数据对象进行预处理的技术，如特征提取技术在多媒体搜索和 DNS（域名系统协议）分析中起着重要的作用。这些数据对象通常具有高维特征矢量；数据变形技术则通常用于处理分布式数据源产生的异构数据，对处理商业数据非常有用。Gunter 在文献中提出了 Lan Map，对瑞士国家银行的调查信息进行影射。Wang 等在研究中提出了一种在分布式存储系统中异构感知的数据生成机制，在异构链路上传递最少的数据以保持数据的完整性。然而，没有一个统一的数据预处理过程和单一的技术能够用于多样化的数据集，必须考虑数据集的特性、需要解决的问题、性能需求和其他因素来选择合适的数据预处理方案。

第三节　大数据分析

大数据价值链最后也是最重要的阶段就是数据分析和处理，其目的是提取数据中隐藏的数据含义，提供有意义的建议以及制定辅助决策。

一、数据分析目标

数据分析处理来自对某一兴趣现象的观察、测量或者实验的信息。数据分析目的是从和主题相关的数据中提取尽可能多的信息。主要目标包括以下内容。

（1）推测或解释数据并确定如何使用数据。

（2）检查数据是否合法。

（3）为决策制定提供合理建议。

（4）诊断或推断错误原因。

（5）预测未来将要发生的事情。

二、数据分析分类

由于统计数据的多样性，数据分析的方法大不相同。可以将数据根据下述标准分为几类。

根据观察和测量得到定性或定量数据，根据参数数量得到一元或多元数据。此外，有些工作对领域相关的算法进行了总结。Manimom 等对数据挖掘算法进行了分类，将其分为描述性分析、预测性分析和验证性分析。Bhatt 等将多媒体分析方法划分为特征提取、变形、表示和统计数据挖掘。然而并没有对大数据处理方法进行分类。Blackett 等根据数据分析深度将数据分析分为三个层次：描述性分析、预测性分析和规则性分析。

（一）描述性分析

描述性分析是指基于历史数据描述发生了什么。例如，利用回归技术可从数据集中发现简单的趋势，可视化技术可更有意义地表示数据，数据建模则以更有效的方式收集、存储和删减数据。描述性分析通常应用于商业智能和可见性系统。

（二）预测性分析

预测性分析用于预测未来的概率和趋势。例如，预测性模型使用线性和对数回归等统计技术发现数据趋势，预测未来的输出结果，并使用数据挖掘技术提取数据模式（Pattern）并给出预见。

（三）规则性分析

规则性分析用于解决决策制定问题和提高分析效率。例如，仿真用于分析复杂系统以了解系统行为并发现问题，而优化技术则在给定约束条件下给出最优解决方案。

（四）数据可视化分析

数据可视化与信息绘图学和信息可视化相关。它的目标是以图形方式清晰有效地展示信息。一般来说，图表和地图可以帮助人们快速理解信息。但是，当数据量增大到大数据级别，传统的电子表格等技术已无法处理海量数据。大数据的可视化已成为一个活跃的研究领域，因为它能够辅助算法设计和软件开发。Friedman 和 Frits 分别从信息表示和计算机科学领域对数据可视化进行了探讨。Tabusvis 则是一个轻型的可视化系统，提供对多维数据的灵活、可定制的数据可视化。

（五）统计分析

统计分析基于统计理论，是应用数学的一个分支。在统计理论中，随机性和不确定性通过概率理论建模。统计分析技术可以分为描述性统计技术和推断性统计技术。描述性统计技术对数据集进行摘要或描述，而推断性统计技术则能够对过程进行推断。更多的多元统计分析包括回归分析、因子分析、聚类分析和判别分析。

（六）数据挖掘分析

数据挖掘分析是发现大数据集中数据模式的计算过程。许多数据挖掘算法已经在人工智能、机器学习、模式识别、统计和数据库领域得到了应用。2006 年 ICDM（数据挖掘国际会议）总结了影响力最高的 10 种数据挖掘算法，覆盖了分类、聚类、回归和统计学习等。此外，一些其他的先进技术如神经网络和基因算法也被用于不同应用的数据挖掘。

有时候，很多方法间的界限逐渐淡化，如数据挖掘、机器学习、模式识别，甚至视觉信息处理、媒体信息处理等。此处以数据挖掘作为一个统称。

第四节　大数据分析方法

下面从数据生命周期的角度，从数据源、数据特性等方面总结比较了主要的数据分析方法，包括结构化数据分析、文本分析、Web 数据分析、多媒体数据分析、社交网络数据分析和移动数据分析。

一、结构化数据分析

在科学研究和商业领域产生了大量的结构化数据，这些结构化数据可以利用成熟的 RDBMS（关系数据库管理系统）、数据仓库、OLAP（联机分析处理）和 BPM（业务流程建模）等技术，而采用的数据分析技术则是前面介绍的数据挖掘和统计分析技术。近年来深度学习（Deep Learning）逐渐成为一个主流的研究热点。

当前的机器学习算法依赖用户设计的数据表达和输入特征，这对不同的应用来说是一个复杂的任务。而深度学习则集成了表达学习（Representation Learning），学习多个级别的复杂性/抽象性表达。此外，许多算法已成功用于一些最近的应用。例如，统计机器学习基于精确的数据模型和强大的算法，被应用于异常检测和能量控制。利用数据特征，时空挖掘技术能够提取模型中的知识结构，以及高速数据流与传感器数据中的模式（Pattern），可以对大规模图像的模式挖掘进行研究。由于电子商务、电子政务和医疗健康应用对隐私保护的需求，隐私保护数据挖掘也被广为研究。随着事件数据过程发现和一致性检查技术的发展，过程挖掘也逐渐成为一个新的研究方向，即通过事件数据分析过程。

二、文本分析

文本数据是信息储存的最常见形式，包括电子邮件、文档、网页和社交媒体内容，因此文本分析比结构化数据具有更高的商业潜力。文本分析又称为文本挖掘，是指从无结构的文本中提取有用信息或知识的过程。文本挖掘是一个跨学科的领域，涉及信息检索、机器学习、统计、计算语言和数据挖掘。大部分的文本挖掘系统建立在文本表达和自然语言处理（NLP）的基础上。

文档表示和查询处理是开发矢量空间模型、布尔检索模型和概率检索模型的基础，这些模型又是搜索引擎的基础。自然语言处理技术能够增加文本的可用信息，允许计算机分析、理解甚至产生文本。词汇识别、语义释疑、词性标注和概率上下文无关文等是常用的方法。基于这些方法提出了一些文本分析技术，如信息提取、主题建模、摘要、分类、聚类、问答系统和观点挖掘。信息提取技术是指从文本中自动提取具有特定类型的结构化数据。命名实体识别（Named Entity Recognition，NER）是信息提取的子任务，其目标是从文本中识别原子实体并将其归类到人、地点和组织等中。命名实体识别最近被应用于一些新的分析应用和生物医学中。主题模型则建立在文档包含多个主题的情况中。主题是一个基于概率分布的词语，主题模型对文档而言是一个通用的模型，许多主题模型被用于分析文档内容和词语含义。文献引入一个新的主题模型，即主题超图，用于描述长文档的主体结构。

文本摘要技术是指从单个或多个输入的文本文档中产生一个缩减的摘要，分为提取式（Extractive）摘要和概括式（Abstractive）摘要。提取式摘要从原始文档中选择重要的语句或段落并将它们连接在一起，而概括式摘要则需理解原文并基于语言学方法以较少的语句进行复述。Morrison 等提出一种演化网络，用于多元数据摘要。文本分类技术则用于识别文档主题，并将之归类到预先定义的主题或主题集合中，基于图表示和图挖掘的文本分类在近年来得到了关注。

文本聚类技术用于将类似的文档聚合，和文本分类不同的是，文本聚类不是根据预先定义的主题将文档归类。

文本聚类中，文档可以表现出多个子主题。一些数据挖掘中的聚类技术可以用于计算文档的相似度。

有研究证实了结构化的关系信息能够用于增加 Wikipedia（维基百科）的聚类效率。Deng（邓）等提出了一个统一的时空数据聚类分析框架，基于时空统计方法和智能计算技术设计了一种新的时空聚类算法。问答系统设计目的是为给定问题找到最佳答案，涉及问题分析、源检索、答案提取和答案表示等。问答系统可以用于教育、健康和答辩等场合。观点挖掘类似于情感分析，是指提取、分类、理解和评估在新闻、评论和其他用户自主创造内容的观点的计算技术，它能够为想了解公众或客户对社会事件、政治动向、公司策略、市场营销活动和产品偏好的看法的人提供机会。

三、Web 数据分析

十几年来网页数据爆炸式增长，网页数据分析成为活跃的领域。网络数据分析的目标是从网络文档和服务中自动检索、提取和评估信息以发现知识，涉及数据库、信息检索、NLP 和文本挖掘，可分为网络内容挖掘、网络结构挖掘和网络用法挖掘。网络内容挖掘是从网站内容中获取有用的信息或知识。网络内容包含文本、图像、音频、视频、符号、元数据和超链接等。而关于图像、音频和视频的数据挖掘被归入多媒体数据分析中，将在随后讨论。

由于大部分的网络数据是无结构的文本数据，因此许多研究都关注文本和超文本的数据挖掘。如前所述，文本挖掘已经比较成熟，而超文本的挖掘需要分析包含超链接的半结构化 HTML（超文本标记语言）网页。监督学习或分类在超文本分析中起到重要的作用，如电子邮件管理、新闻组管理和维护网络目录等。网络内容挖掘通常采用两种方法：信息检索方法和数据库方法。信息检索方法主要是辅助用户发现信息或完成信息的过滤；数据库方法则是在网络上对数据进行建模并将其进行集成，这样能进行比基于关键词搜索更为复杂的查询。网络结构挖掘是指发现基于网络链接结构的模型。

链接结构表示站点内或站点之间链接的关系图，模型反映了不同站点之间的相似度和关系，并能应用于网站的分类。Focused Crawling（主题爬取）利用此模型发现网页。Focused Crawling 的目的是根据预先定义的主题有选择地寻找相关网站，它并不收集或索引所有可访问的网络文档，而是通过分析 Crawler（爬虫）的爬行边界，发现和爬行最相关的一些链接，避免网络中不相关的区域，从而节约硬件和网络资源。网络用法挖掘则是对网络会话或行为产生的次要数据进行分析。与网络内容挖掘和结构挖掘不同的是，网络用法挖掘不是对网络上的真实数据进行分析。网络用法数据包括网络服务器的访问日志、代理服务器日志、浏览器日志、用户信息、注册数据、用户会话或事务、Cookies（小型文本文件）、用户查询、书签数据、鼠标点击及滚动数据，以及用户与网络交互所产生的其他数据。

随着网络服务和 Web（网络）2.0 系统的日益成熟和普及，网络用法数据将更加多样化。网络用法挖掘在个性化空间、电子商务、网络隐私和安全等方面将起到重要的作用。例如，协作推荐系统可以根据用户偏好的相同或相异实现电子商务的个性化。

四、多媒体数据分析

多媒体数据分析是指从多媒体数据中提取有趣的知识，理解多媒体数据中包含的语义信息。由于多媒体数据在很多领域比文本数据或简单的结构化数据包含更丰富的信息，因此在提取信息时需要解决多媒体数据中的语义分歧。多媒体分析研究覆盖范围较广，包括多媒体摘要、多媒体标注、多媒体索引和检索、多媒体推荐和多媒体事件检测。

音频摘要可以简单地从原始数据中提取突出的词语或语句，合成为新的数据表达；视频摘要则将视频中最重要或最具代表性的序列进行动态或静态合成。静态视频摘要使用一系列连续的关键帧或上下文敏感的关键帧表示原视频，这些方法比较简单，并已被用于 Yahoo（雅虎）和 Google（谷歌），但是它们的回放体验较差。

动态视频摘要技术则使用一系列的视频片段表示原始视频，并利用底层视频特征进行平滑以使最终的摘要显得更自然。

多媒体标注是指给图像和视频分配一些标签，从而在语法或语义级别上对其内容进行描述。在标签的帮助下，很容易完成多媒体内容的管理、摘要和检索。由于人工标注非常耗时并且工作量大，没有人工干预的自动多媒体标注得到了极大的关注。多媒体自动标注的主要困难是语义分歧，即底层特征和标注之间的差异。

尽管取得了一些重要的进展，目前的自动标注方法性能并不能令人满意。一些研究开始同时利用人和计算机对多媒体进行标注。多媒体索引和检索处理的是多媒体信息的描述、存储和组织，并帮助人们快速方便地发现多媒体资源。一个通用的视频检索框架包括 5 个步骤：结构分析、特征提取、数据挖掘、分类和标注，以及查询和检索。

结构分析是通过镜头边界检测、关键帧提取和场景分割等技术，将视频分解为大量具有语义内容的结构化元素。结构分析完成后，然后提取关键帧、对象、文本和运动的特征以待后续挖掘，这是视频索引和检索的基础。根据提取的特征，数据挖掘、分类和标注的目的是发现视频内容的模式，将视频分配到预先定义的类别，并生成视频索引。Shao（邵）等提出一种基于内容的视频检索方法，即通过时间和空间定位从数据库中有效地检索相关行为的视频。在大规模图像检索方面，Chen（陈）等提出一种基于哈希的方法。Song（宋）等提出一种基于哈希方法的近似多媒体检索方法，通过机器学习方法有效地学习一组哈希函数从而使数据产生哈希码。

此外，Dong（董）等利用线性回归，对图像进行纹理分类与检索，其平均分类正确率比现有技术要高。多媒体是根据用户的偏好推荐特定的多媒体内容，已被证明是一个能提供高质量个性化内容的有效方法。现有的推荐系统大部分是基于内容和协作过滤的机制。基于内容的方法识别用户兴趣的共同特征，并且给用户推荐具有相似特征的多媒体内容。这些方法依赖于内容相似测量机制，容易受有限内容分析的影响。

基于协作过滤的方法是指将具有共同兴趣的人们组成组，根据组中其他成员的行为推荐多媒体内容。混合方法则利用基于内容和基于协作过滤两种方法的优点来提高推荐质量。多媒体事件检测是在事件库视频片段中检测事件是否发生的技术。视频事件检测的研究才刚刚起步，已有的大部分研究都集中在体育或新闻事件，以及重复模式事件（如监控视频中的跑步）或不常见的事件。Ma（马）等提出了一种新的即时的多媒体事件检测算法，以应付训练正例不足的场景。

五、社交网络数据分析

随着在线社交网络的兴起，网络分析从早期的文献计量学分析和社会学网络分析发展到21世纪的社交网络分析。社交网络包含大量的联系数据和内容数据，其中联系数据通常用一个拓扑结构图表示实体间的联系；内容数据则包含文本、图像和其他多媒体数据。显然，社交网络数据的丰富性给数据分析带来了前所未有的挑战和机会。

站在以数据为中心的角度，社交网络的研究方向主要有两个：基于联系的结构分析和基于内容的分析。基于联系的结构分析关注链接预测、社区发现、社交网络演化和社交影响分析等。社交网络可以看成一个图，图中顶点表示人，边表示对应的人之间存在的特定的关联。由于社交网络是动态的，因此新的节点和边会随着时间的推移而加入图中。

链接预测是指对未来两个节点关联的可能性进行预测。链接预测技术主要有基于特征的分类方法、概率方法和线性代数方法。基于特征的分类方法是指选择节点对的一组特征，利用当前的链接信息训练二进制分类器预测未来的链接；概率方法是指对社交网络节点的链接概率进行建模；线性代数方法是指通过降维相似矩阵计算节点的相似度。社区是指一个子图结构，其顶点具有更高的边密度，但是子图之间的顶点具有较低的密度。用于检测社区的大部分方法都基于拓扑，并且依赖某个反映社区结构思想的目标函数。Du（杜）等利用真实世界中社区存在重叠的特性，提出了大规模社交网络中的社区发现算法。社交网络演化研究则试图寻找网络演化的规律，并推导演化模型。

部分经验研究发现，距离偏好、地理限制和其他一些因素对社交网络演化有着重要的影响。一些通用的模型也被提出用于辅助网络和系统设计。当社交网络中个体行为受其他人感染时即产生社交影响，社交影响的强度取决于多种因素，包括人与人之间的关系、网络距离、时间效应和网络及个体特性等。定量和定性测量个体施加给他人的影响，会给市场营销、广告和推荐等应用带来极大的好处。随着第二代网络技术的发展，用户自主创造内容在社交网络中取得了爆炸性的增长。社交媒体是指用户自主创造的内容，包括博客、微博、图片和视频分享、社交图书营销、社交网络站点和社交新闻等。社交媒体数据包括文本、多媒体、位置和评论等信息。几乎所有的对结构化数据分析、文本分析和多媒体分析的研究主题都能转移到社交媒体分析中。

社交媒体分析面临着前所未有的挑战。首先，社交媒体数据每天不断增长，应该在一个合理的时间限制范围对数据进行分析；其次，社交媒体数据包含许多干扰数据，例如博客空间存在大量垃圾博客；最后，社交网络是动态、不断变化、迅速更新的。简单来说，社交媒体和社交网络联系紧密，社交媒体数据的分析无疑也受到社交网络动态变化的影响。社交媒体分析即社交网络环境下的文本分析和多媒体分析。社交媒体分析的研究处于起步阶段。社交网络的文本分析应用包括关键词搜索、分类、聚类和异构网络中的迁移学习。关键词搜索利用了内容和链接行为；分类是指假设网络中有些节点具有标签，这些被标记的节点则可以用来对其他节点进行分类；聚类则确定具有相似内容的节点集合。由于社交网络中不同类型的对象之间存在大量链接信息，如标记、图像和视频等，异构网络的迁移学习用于不同链接的信息知识迁移。在社交网络中，多媒体数据集是结构化的并且具有语义本体、社交交互、社区媒体、地理地图和多媒体内容等丰富的信息。文献讨论了地域社交多媒体信息挖掘的应用，包括移动位置检索、地标识别、场景重构、景点推荐等。社交网络的结构化多媒体又称为多媒体信息网络。多媒体信息网络的链接结构是逻辑上的结构，对网络非常重要。多媒体信息网络中有四种逻辑链接结构：语义本体、社区媒体、个人相册和地理位置。基于逻辑的链接结构，可以提高检索系统、推荐系统、协作标记和其他应用的性能。

六、移动数据分析

随着移动计算的迅速发展，更多的移动终端（移动手机、传感器和射频识别技术）和应用逐渐在全世界被普及。2012 年年末移动数据流量每月达 885 PB。巨量的数据对移动分析提出了需求，但是移动数据分析面临着移动数据特性带来的挑战，如移动感知、活动敏感性、噪声和冗余。目前针对移动数据分析的研究远未成熟，下面介绍一些具有代表性的移动数据分析应用。

射频识别技术能够在一定范围内读取一个和标签相联系的唯一产品标识码，标签能够用于标识、定位、追踪和监控物理对象，在库存管理和物流领域得到了广泛的应用。

然而，射频识别数据给数据分析带来了许多挑战，首先，射频识别数据本质上是充斥着干扰数据和冗余数据的；然后，射频识别数据是与时间相关的、流式的，并且容量大以及需要即时处理。

通过挖掘射频识别数据的语义（如位置、聚集和时间信息），可以推断一些原子事件追踪目标和监控系统状态。无线传感器、移动技术和数据流技术的发展促进了体域传感器网络的部署，用于实时监控个体健康状态。医疗健康数据来自具有不同特性的异构传感器，如多样化属性、时空联系和生理特征等，并存在隐私和安全问题。从上述讨论可以发现，大部分的移动数据分析技术既是描述性分析，也是预测性分析。

第七章　移动互联网与供应链整合营销传播

整合营销传播（Integrated Marketing Communication，IMC）是指将与企业进行有关市场营销的一切传播活动一元化的过程。一方面，整合营销传播把广告、促销、公关、直销、CI（企业识别系统）、包装、新闻媒体等一切传播活动都涵盖于营销活动的范围之内；另一方面，则使企业能够将统一的传播信息传达给顾客，其中心思想是：以企业与顾客沟通后确定的满足顾客需要的价值为取向，确定企业统一的促销策略，协调使用各种不同的传播手段，发挥不同传播工具的优势，从而使企业的促销宣传实现低成本、高强冲击力，最终形成促销高潮。

21 世纪是市场经济高速发展的阶段，21 世纪的经济模式将产生翻天覆地的变化，在信息高速发展及网络不断普及的新时代，仍旧抱着“酒香不怕巷子深”的观念将面临被市场遗弃的危机。21 世纪的市场，将是更加理性化的市场，游戏规则将更加科学合理，对不具备竞争优势的企业，竞争将更加残酷，消费者将更加理智，企业需要丰富产品和服务，把最好的产品呈现给消费者。

整合营销传播是一个扩展的、现代的营销概念，以统一优化的信息向消费者和大众传递企业的品牌理念。通过清楚明确的渠道分工和合作而产生协同合作效应，从而使品牌的营销策略达到 1 + 1 >2 的效果。同时，整合营销传播以消费者的视角为出发点，改变传统的市场营销中从公司自身角度出发的策略。

第一节　供应链管理：营销渠道的整合

随着信息技术革命和知识经济的发展，企业管理思想和方法也正在发生深刻的变革。20 世纪 80 年代以后被广泛应用的供应链管理便是其中典型之一。所谓供应链管理是指从最终用户一直到初始供应商，向客户提供增值的产品、服务和信息的商务过程的一体化。这里的商务过程实际上包括了两个相向的过程组合：一是从最终用户到初始供应商的市场需求信息的逆流而上的传导过程；二是从初始供应商向最终用户的顺流而下且不断增值的产品和服务的传递过程。

供应链管理就是对这两个核心商务过程实施一体化运作，包括统筹安排，协同运行和统一协调。由于供应链管理与物流具有某种内在的继承性，所以，也有学者把供应链管理定义为：针对供应商和客户的上下游关系进行管理，并以整个供应链的最小总成本向客户提供最大的价值。实际上，供应链管理使营销渠道从一个松散的、连接着独立企业的群体，变为一个高效率和强竞争力的一体化整合力量。

一、供应链管理是一种基于流程的集成优化管理

传统的管理以职能部门为基础，往往由于职能交叉矛盾、利益目标冲突、信息分散等，各部门无法完全发挥其潜在效能，因而很难达到整体目标最优。供应链管理则是以流程为基础，物流、信息流、价值流、资金流、工作流贯穿于供应链的全过程，通过重组业务流程，消除各职能部门以及供应链成员企业的自我保护主义，实现供应链组织的集成与优化；通过在整个供应链中核心企业管理思想的扩散和移植，实现管理思想的集成；通过准时制管理（JIT）、企业资源计划（ERP）、物流资源计划（LRP）、客户关系管理（CRM）等的综合运用，实现供应链管理方法的集成；通过现代信息技术手段的运用，信息共享，实现供应链管理手段的集成；通过资源整体优化配置，有效运用价值链激励机制，寻求非增值活动及相应结构的最小化，实现供应链管理效益的优化与集成。

二、供应链管理是企业渠道与关系的整合

供应链管理是在物流的基础上发展起来的。在企业运作的层次上，从实物分配开始，到整合物资管理，再到整合相关信息，通过功能的逐步整合形成了物流的概念。从企业关系的层次来看，则有从制造商向批发商和分销商再到最终用户的前向整合，以及向供应商的后向整合，通过关系的整合形成

了供应链管理的概念。从作业功能的整合到渠道关系的整合，使物流从战术提升到战略的高度。供应链管理实际上是传统物流的逻辑延伸。美国物流管理协会于 1998 年修订了物流的定义："物流是供应链过程的一部分，是以满足客户需求为目的，为提高产品、服务和相关信息从起始点到消费点的流动和储存的效率和效益而对其进行计划、执行和控制的过程。"显然，物流是供应链管理系统的子系统。

三、供应链管理目的是实现渠道成员之间的协调

物流在管理上是一个计划的机制。主导企业通常是制造商，力图通过计划来控制产品和信息的流动；供应商和客户的关系本质上是利益冲突的买卖关系，常常导致存货向上游企业的转移或成本的转移。供应链管理同样要制订计划，但目的是实现渠道成员之间的联动和协调，供应链伙伴共同制定协同竞争战略和制订产品开发计划等。例如，美国联合技术公司于 2002 年 3 月在亚洲举行了大型网上拍卖，签发了总额超过 2 亿美元的电机供应合同。该公司为了提高生产周期的运行效率，甚至在互联网上公布生产计划，使其供应商能更加迅速地对需求的变化做出反应。所以供应链管理是一个开放的系统。它的一个重要目标就是通过分享需求和当前存货水平的信息来减少或消除所有供应链成员企业所持有的缓冲库存。这就是供应链管理中共同管理库存的理念。

四、供应链管理是跨组织的一体化管理

供应链管理是一项高度交互和复杂的系统工程，需要同步考虑不同层次上的相互关联的技术经济问题，从而进行成本效益权衡。比如要考虑在组织内部和组织之间的存货应以什么样的形态以及放在什么地方；供应链系统的布局和选址决策；信息共享的深度；实施商务过程一体化管理后所获得的整体效益如何在供应链成员之间进行分配；特别是要求供应链成员在一开始就共同参与制定整体发展战略或新产品开发战略等。这种跨边界和跨组织的一体化管理使组织的边界变得模糊起来。

五、供应链管理对共同价值观有着更大的依赖性

物流的运作是为了解决产品的客户可得性问题，供应链管理则要求首先

解决供应链伙伴之间的信息可得性问题。供应链管理更加依赖信息系统的支持，所以有时也把供应链看作基于信息增值交换的协作伙伴之间的一系列关系。互联网为提高信息可得性提供了技术支持，但如何管理和分配信息则取决于供应链成员之间对商务过程一体化的共识程度。所以，与其说供应链管理依赖网络技术，还不如说供应链管理是对供应链伙伴的相互信任、互惠互利和共同发展的价值观的依赖。

六、供应链管理是外部资源整合的组织

与垂直一体化物流不同，供应链管理更多的是在自己的核心业务基础上，通过协作整合外部资源来获得最佳的总体运作效果。除了核心业务以外，几乎每件事都可能是外源的，即从公司外部获得的。例如，著名的企业如耐克公司和联想公司，通常外购或外协所有的部件，而自己集中精力于新产品的开发和市场营销。实际上一台标准的苹果计算机，占其制造成本的90%的元器件也都是外购的。这些企业是按照市场的需求，以其核心技术和创新能力所构成的网络系统来整合或重新配置社会资源。

第二节　移动互联网行业商业模式

当前的购物体验模式主要有三种，可以分为大类型清晰需求下的购物体验模式、模糊需求下的购物体验模式和基于移动的电子商务模式。这三种不同的体验模式基于不同的功能性主体，给用户带来了不一样的购物体验，最新出现的基于移动的电子商务模式主要是一种以用户挖掘信息为目标的购物体验模式。

商业模式是指一个完整的产品、服务和信息流体系，包含每一个参与者及其在参与中起到的作用，以及每一个参与者的潜在利益、相应的收益来源和方式。关于商业模式的概念，可以归为三大类：盈利模式论（商业模式可以给企业带来盈利，督促企业运营）、价值创造模式论（商业模式可以为企业创造价值）、体系论（商业模式是由多个因素相辅相成并相互作用，形成一个整体），基于移动终端的商业模式是我们讨论的重点。

一、移动 App

App 增值模式免费向用户提供基础的信息和服务，再根据用户使用的其他附加服务和应用向用户收取费用。典型案例包括手机游戏等付费下载 App，或者免费 App 中的付费模块及内容等。从付费类型来看，主要是指用户直接下载付费下载的应用和服务，免费应用中付费购买的功能模块和内容。从交易方式来看，有一次性下载和购买、按期购买、按需购买（如游戏币、点卡等）。从支付方式来看，包括电信运营商 SP 代扣费，信用卡、第三方支付等金融交易，虚拟货币等支付手段，典型案例有苹果、腾讯等。其中，移动 App 的商业模式的核心内容主要有如下几个方面。

（一）移动 App 的核心资源

（1）平台：移动 App 的推广平台有终端内置和线上获取两种。终端内置指在终端出厂前就预装好平台。线上获取主要有运营商渠道、第三方 App 商店和线上推广平台。

（2）内容：内容永远是 App 的核心资源，通过满足用户的某种需求，用户使用后实现下载增值。在未来的市场竞争当中，优质的内容是吸引用户聚焦的首要前提。

（3）用户：用户是移动 App 的最终市场，用户体验和使用行为决定了应用和内容的原动力。其中，用户数量、把握用户需求和分析用户数据是最重要的三个方面。

（二）移动 App 的服务内容

用户需求：满足用户的某种需求永远是移动 App 追求的目标，对核心用户的选择以及对用户需求心理的把握都会直接影响产品最终的呈现形式以及未来市场走势。

设计内容：开发者明确自己所针对的核心用户之后，需要对该类用户的需求进行产品设计，将需求转化为现实的具有自身特点的 App 产品，吸引用户注意力以及不断更新产品功能来提高用户黏性。

挖掘数据：在用户使用 App 期间会留下大量的用户数据，这些数据是理解用户行为最直接的资料，深入挖掘这些数据能够进一步开发潜在用户以及使产品又一次创造利润。

推广运营：选择优质渠道，定位有效用户，采用适当手段。

（三）移动 App 的竞争力

（1）随时。用户可以随时获取所需的信息、服务和应用。其间断性和碎片性的特点正好满足了都市人们较快的生活节奏，用户只需要在空隙时间动动手指，就可使用智能终端进行查找、选择、比价，并快速购买商品和服务。

（2）随地。不再局限于桌面电脑。用户通过 LBS，可随地搜索周边的生活和娱乐设施。同时，商家也可以根据消费者的位置信息，为其推荐优惠券等，从而吸引更多的消费者。

（3）便捷。以用户的位置、使用时间等动态信息为基础进行精准推送，移动电子商务能更好地实现用户的个性化服务。同时，消费者在支付流程上也会更加便捷，其可通过智能终端直接进入付费体系，通过电子银行、应用内付费等方式完成快速安全的支付。

二、移动 App 商业模式

移动 App 的主要商业模式分为“终端+服务”一体化商业模式、“软件服务化”商业模式和植入式广告商业模式。

（一）“终端+服务”一体化商业模式

随着智能手机的普及，手机终端的网络化逐渐显现，终端从只能承载话音业务变成既能承载话音，又能传送数据、图片、视频等多媒体业务，还能连接互联网，具有收发邮件、移动办公、网上交易等功能，终端变成了多媒体信息收发的智能化信息终端。未来移动终端与应用的结合将非常紧密，“终端+服务”一体化模式将成为未来移动互联网领域竞争的重要商业模式之一。该商业模式的特点是强调终端集成各种服务。以 iPhone 为例，其打造了一种“产品+服务”的理念，改变了传统游戏规则中终端制造企业只能通过制造终端来获取利润的固定模式，通过前、后向的整合将互联网体验完美移植至移动终端。iPhone 在应用开发方面与谷歌结盟，在网络运营方面与 AT&T（美国电话电报公司）结盟，苹果认为其提供了端到端的解决方案，不仅卖手机，还卖方案，集成了内容、互联网应用。黑莓服务极受欢迎的一种所谓多合一的无线数据及声讯工具，是一种典型的服务加特制终端的商业模式。另外，诺基亚的转型让移动运营商再一次面临了一个有实力抢夺产业链主导权的对手，此例同样预示着终端与服务相结合将成为一种趋势或者潮流。

在终端市场的激烈竞争中，甚至包括在整个产业链中，谁能更好地把握与应用服务的融合，谁就将在移动互联网的产业链中占据更大的主导权。

（二）“软件服务化”商业模式

未来移动互联网在数据、语音等方面的增值服务产业将更多需要通过软件厂商与运营商的合作方式实现。随着移动互联网领域各路新进入者在多方面展开较量，软件平台与应用服务的结合也将成为竞争的新焦点。为了实时响应市场，手机产业链的主体环节企业都开始纷纷搭建软件应用平台。未来移动互联网业务的产业链合作模式中将诞生出“软件 + 服务”的联合模式，各大信息技术产业的巨头都开始向“软件 + 服务”采取行动。该商业模式的特点是强调“软件服务化”。2008 年 6 月 24 日，诺基亚宣布消息，全资收购塞班并将走向开源谷歌。承担了操作平台供应商、应用开发商和少量的内容提供商的角色，通过联合 34 家企业组建了安卓开放手机联盟。谷歌不仅联合了更多操作平台商和应用提供商，更重要的是整合了移动运营商、手机制造商、芯片厂商资源，吸引了众多内容提供商的密切关注，建立了一个完整的、具有很强竞争力的移动互联网生态平台，最终成功地进入该市场。与此同时，下游的应用提供商不再仅限于与移动运营商合作，而是向上游迁徙与操作系统厂商进行合作。由此可见，在移动互联网领域的产品及服务模式的发展过程中，“软件服务化”也将是趋势所向，以手机软件平台为核心的应用服务在产业中也会起到越来越重要的推动作用。

（三）植入式广告商业模式

根据艾瑞咨询的调研数据显示，高收入、高学历用户集中的特点为手机广告价值的传播提供了可能。而据市场调研公司 Marketing Sherpa 公布的一份关于广告经费投放意向的实验性研究报告显示，在各类网络新兴广告形式中，无线广告的受选率最高，达 9.6%。因此，手机门户网站正因其终端的私人化、随身随地性以及新媒体特性，日益成为移动运营商看好的新商业模式。在此模式中，移动运营商只起到提供平台的作用，利润来源主要通过向广告商收费获得盈利。此商业模式的特点是广告成为移动互联网业务发展的基石。广告商业模式在国内外已经取得一些发展，例如，丰田汽车在美国推出了一项类似游戏的手机电视广告，在某个手机的特定频道里，用户可进行持续2分钟的赛车游戏。用户普遍把该广告看作游戏内容，在1个月的时间内，参与游戏的用户数达数十万。与此同时，美国虚拟网络运营商也启动了一项活动计划，即用户只要收看移动广告，就可获得数分钟免费移动电视、电影的收看时间。近两年来，手机业巨头诺基亚也致力于为用户提供手机广告服务。这些独立的移动网站不仅能提供信息浏览、移动搜索、视频直播、在线音乐等丰富多彩的无线互联网服务，而且拥有比较庞大的用户群体和一定的品牌优势，因而成为新兴的媒体平台。

第三节　交互式整合营销传播在供应链管理中的应用模式结构

在网络时代中，企业与供应链上下游的合作伙伴保持良好关系，将有助于降低成本与拓展市场，同时降低奉献和增强企业市场竞争力。企业创造价值的第一步是快速集合供应链合作伙伴的核心竞争优势来设计、生产、配送产品并提供相关服务能力，建立供应链上的合作伙伴关系；第二步是建立好关系管理系统，企业与其上下游组织间构建良好的关系，表现在可以提供给客户良好的产品和服务。因此，从供应链管理的角度来看，企业建立关系的目标对象，应从客户关系管理方面，扩大到包含供应商、经销商、组织内部人员、投资者等多方利益相关者。企业在营销、顾客服务以及其他组织业务功能方面的客户关系管理向合作伙伴关系管理的延伸，可以促进更具合作性的渠道伙伴关系，从而稳固供应链管理基础。

交互式整合营销传播在供应链管理活动中对伙伴关系管理（Partner Relationship Management，PRM）尤其重要，主要的内容包括信息资源、客户资源的整合，营销传播范围的延展。

一、交互式 IMC 数据库的建立

交互式整合营销传播的中心思想和指导原则是充分利用新电子媒介的交

互性，来实现与加强组织和消费者间的对话，从而建立起与消费者长期互利的关系。在供应链管理中，组织要想通过交互式整合营销传播来实现这种对话，就必须先收集好个体层次的消费者数据，继而使用这些数据来支持信息密集型的消费者传播策略的构建，同时，利用新媒介与消费者产生交互。

建立交互式整合营销传播的动态数据库，就是以 IMC（整合营销传播）为主题建立数据集市，如下图所示。

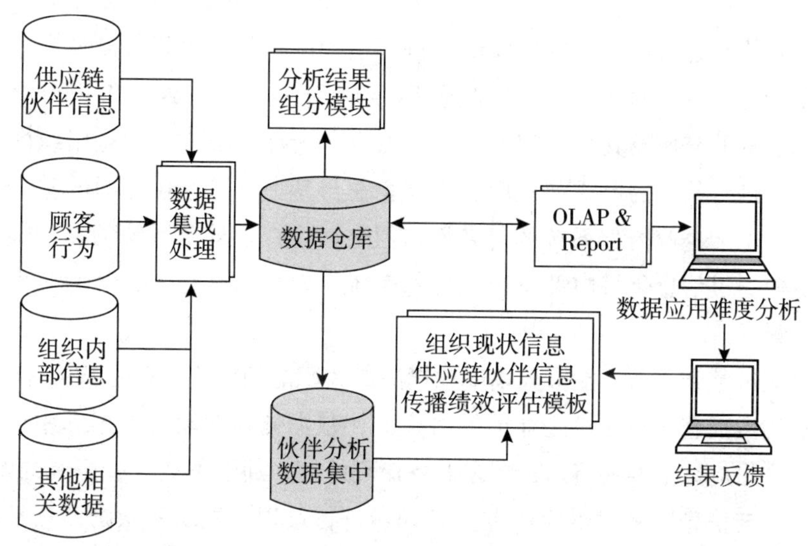

供应链数据仓库体系结构

（1）数据转换。利用数据库技术，从多个分布式（Distributed）、自主性（Autonomous）、异质性（Heterogeneous）的数据源库中获取数据，经转换成内部形态，再与已存在的信息互相整合后，形成交互式整合营销传播定制的动态数据库，并基于数据仓库的平台实现数据的实时对接和交互。

（2）数据选取标准的制定。数据集市是为了特定的决策支持应用程序或使用群组而建立，因此，通常只有特定主题的汇总或详细资料。针对整合营销传播主题，可以选取供应链伙伴、渠道成员、顾客、媒体等作为数据选取的范围，设定限制条件，从组织的数据仓库转换到整合营销传播数据库之中。

（3）数据联通和共享。非营利性组织在建立交互式整合营销传播数据库之后，也要与消费者的媒体接触点进行联结，记录与供应链上各个利益相关者的交互数据，通过数据仓库的逆转化，可以将这些数据分解后汇集到数据仓库中，以备下一轮次的数据交换与集成。

(4) 知识管理。交互式整合营销传播数据库中的数据还要经过数据分析和挖掘，形成定制化的知识，为交互式整合营销传播战略的制定提供决策的借鉴，并直接参与交互式整合营销传播的战术执行，根据交互及时调整数据库的设计。

二、供应链信息的整合管理

交互式整合营销传播在供应链上进行运用的过程，主要可以分为企业内部系统和外部系统两个部分。企业外部系统主要强调的是不同组织间的信息、产品和服务的交换及其相互间的关系；而企业内部系统强调的是组织内部不同部门间进行整合的形式和程度。倘若企业与其上下游企业之间的整合程度高，就会增加企业内部系统的复杂性，但会减少企业外部系统的复杂性。所以企业应通过信息化将内部系统和外部系统有效地整合起来，继而实现供应链整体最优。

供应链整合之后，能够大幅度地提高四大职能的效率。一是数据库管理，通过利用数据仓库技术，企业能够将标准化数据储存在动态数据库中，促使它在整个供应链上顺畅流通；二是业务流程管理，通过形成一个协调的团队，分享知识与信息，来对供应链上的管理者进行培训、组织和激励；三是交互管理，明确与供应链中、上、下游的合作伙伴沟通的时机和方式，并且有条理地管理这些沟通交互；四是顾客生命周期管理，从与顾客的最初接触，到向顾客提供建议、签订合约、协商合作、进行承诺、交货安装、信息反馈和重复销售等各个阶段，企业应当时刻追踪与顾客关系，保持紧密联系。具体地，信息化整合被界定为：供应链上的企业可以从电子商务、互联网中获取相关信息，首先在互联网数据中心（Internet Data Center，IDC）进行统计和分析，之后与其上下游的合作伙伴利用跨组织的网络系统彼此沟通，然后再借助于一定的信息技术，与这些合作伙伴共享数据。通过网络协调，在企业内部和企业之间，顾客关系管理机制被逐渐建立起来，进而逐步转变为新的经营模式。

本研究认为，企业必须从一个更宽广的视野看待信息化整合。传统的供应链上的信息系统是信息化整合的主要内容，整条供应链上企业和其伙伴间的合作机制与相互关系更应成为信息化整合过程中必不可少的一部分。

三、供应链管理中的协同营销传播

供应链管理中的协同营销传播，即通过共同分担营销费用，企业和其供应链上的合作伙伴彼此协同，开展营销传播、产品促销、品牌建设等方面的营销传播活动。因此，企业应当全方位地寻求与自身品牌定位相一致的上游供应商、下游渠道分销商和零售商以及与之相关的其他行业的组织或企业进行合作。

（一）优化配置营销传播预算

面对日益多变的动态市场环境和越来越激烈的竞争，企业需要更多营销预算来支持组织市场的拓展。在市场推广阶段，通过合作促销的方式，企业在供应链上与合作伙伴营销费用进行对接，优化整体支出，从而降低实际营销开支。

（二）延展和嵌套品牌效应

协同营销传播不仅能够延展产品品牌，而且能够嵌套和联合企业产品品牌与其他合作伙伴品牌，从而提高企业的品牌竞争力。一方面，企业可以开展纵向整合式的合作，即与上下游厂商进行协作营销。这就要求企业首先要选择与自身形象和品牌定位一致的上下游厂商，之后通过合作广告、联合传播等协同开展活动。这些活动可以在消费者的认知领域中形成一个极具影响力的“品牌集合”，进而在更大范围内延展企业品牌。另一方面，企业也可以开展横向联合式的合作，即与其他行业中的组织或企业协作营销。这种合作通常是建立在参与联盟的各方为实现某一特定战略目标的基础上的，因此，企业往往会选择具有优势互补背景的企业或组织进行协作营销，来创立合作品牌。

（三）巩固供应链成员关系

通过与供应链上下游成员间的协作营销和协同运作，企业能够维护稳定的供应链伙伴关系，减少供应链内部产生的信息交换成本和管理成本。此外，企业也能够巩固和强化合作各方间的联盟关系。企业的销售人员通过与下游分销商和零售商进行协作营销，促使其向多职能化发展。销售人员不光是企业把产品向下一级出售的销售代表，也是维持和加强与分销商关系的中坚力量。为了实现真正意义上的协同营销，他们必须竭尽全力协助分销商和零售商出售更多的产品。

（四）实现跨行业交叉销售

为了实现跨行业交叉销售，企业可以与相关行业的组织或企业建立起合作促销关系。基于与合作各方一致的市场定位，合作各方锁定了相同的目标顾客群。因而，通过与相关企业或组织的合作，企业可以为自己的顾客提供集成服务包，尤其是企业的忠诚顾客。交叉销售能够使顾客获得更好的、满足需求的打包服务，最终使企业获取更多价值。

交互式整合营销传播管理方式可以使企业在现有资源整合的基础上，以数据库及交互媒体为核心进行供应链管理，向供应链伙伴及其顾客传递品牌信息，建立关系资产。同时，交互式整合营销传播管理方式还意味着企业不但要重视每一次与供应链伙伴、渠道商和消费者沟通的机会，而且要认识到它们是企业交互数据库的重要环节。

将交互式整合营销传播置于企业的供应链管理中进行分析，每一个组织都是供应链中的一环，都要采用供应链一体化的思维来对待组织的运营。可以说，单个组织的核心竞争力是容易被超越的，但是供应链的整体竞争优势就很难被复制，从而使企业在激烈的竞争环境之中获得持久的竞争优势。

第八章　移动互联网行业大数据应用发展趋势

第一节　产业环境与基础设施持续改善

不断成熟的用户、巨大的市场潜力使业界各方的热情和关注空前高涨，电信运营商、终端制造商、互联网企业等均摩拳擦掌，跃跃欲试，纷纷推出各自的移动互联网战略和措施。结合各方的战略、举措以及市场成效，目前的移动互联网的整体发展主要呈现以下几个趋势，并在未来有进一步深化的倾向。

一、产业发展环境加速改善

无论是潜在用户规模增长、网络建设和升级还是智能终端普及速度，目前的数据表明应用条件改善迅速，产业整体环境改善提速。从国内的潜在用户规模来看，根据工信部发布的数据显示，截至 2018 年年底，4G 用户规模达 11.7 亿人，占全国移动用户总数的 74.4%，比上年提高 4.2 个百分点。2018 年 12 月，我国移动用户移动流量消费达 6.25GB/户/月，是上年同期的 2.3 倍。物联网方面，截至 2018 年年底，累计已发展蜂窝物联网终端 6.7 亿户，比上年增长 148%。5G 方面，完成 5G 技术研发试验第三阶段测试，5G 系统设备具备预商用水平，芯片和终端厂商加快推进产品开发。在 2018 年第三季度，全球智能手机销量增长 1.4%，达 3.89 亿部，2018 年第三季度华为的需求增长 43%。

二、终端驱动创新，创新型终端层出不穷

面对巨大的市场潜力，终端厂商积极布局移动互联网。随着终端制造技术的改进和多样化的移动操作系统，智能手机出货量和普及率将逐步提高。

此外，传统终端、系统设备厂商、手机制造商、解决方案提供商等纷纷进入智能手机领域，通过相关的应用程序和业务整合，加速智能手机中差异化趋势，带动产业链变迁，促进移动互联网市场总体发展。在未来的竞争中，移动操作系统厂商将逐步提高智能手机市场的竞争力，而智能手机的市场竞争将转化为对手机操作系统用户的争夺。

移动互联网应用的创新越来越多由终端侧发起，以苹果的 iPhone、iPad（苹果平板电脑）系列产品为代表的终端创新在业内已彻底变革了以手机为核心的移动互联网终端模式。iPad 的出现更是开创了平板电脑这一全新的终端类型领域，紧随其后三星、惠普、联想等各大终端制造商纷纷推出各自的平板电脑产品。而基于智能手机和平板电脑等终端的新特性，一系列的创新型应用和服务也不断涌现。此外，一些互联网企业也开始尝试推出自己的新型终端，如 Skype Phone（网络电话机），Twitter Phone（推特电话机）等。国内各类互联网企业向终端市场渗透，尝试定制化终端营销，如小米手机、百度、腾讯等企业都力图抢占产业链制高点。基于新型终端的新特性，创新型应用和服务正不断涌现。

三、接入网络多元化

基于补充传统的移动通信网络需要，Wi-Fi、Wi-MAX 等日渐普及。目前移动互联网采用的无线接入技术可以分成三类：传统广覆盖的移动通信网络、全球互通微波访问 Wi-MAX 和无线局域网接入技术 Wi-Fi。根据使用场景的不同可选用适用的接入技术，使用户在各种情况下都能方便地接入网络。一方面，移动通信网络在提供 2G、2.5G、3G 接入网络的同时，4G 的 LTE 商业进程不断加速，商用网络已在全球多个国家和地区开通，截至 2012 年 6 月，全球 LTE 商用网络数量已达到 95 个，包括 86 个 FDD（频分双工）、7 个 TDD（测试驱动开发）和 2 个双模网络。在商用初期，网络发展速度远超过了当年的 W-CDMA（宽带码分多址），各地区同时具有从 2G 到 4G 的各种接入技术。

四、用户第一接触点、终端和浏览器的争夺日趋激烈

为普及移动互联网应用，掌握和控制用户接触点，各类企业均期望抢占产业价值链的主导权，提前进行战略布局。智能终端成为争夺的焦点，电信

运营商通过资费计划进行补贴、捆绑，互联网企业通过贴牌生产或深度定制推广企业应用产品。移动互联网用户成为运营企业争夺的焦点。

第二节　发展模式、收入模式逐步多样化

广告、游戏等是传统固定互联网的主要收入来源，而移动互联网在终端销售、付费应用产品、收入分成等方式上不断创新，苹果公司在终端销售、与运营商分成、应用商店下载等多领域的巨大收入让互联网公司看到移动互联网商业模式的巨大潜力。诺基亚、三星等传统终端制造商也对“硬件服务”模式不断进行探索。电信运营商在意识到传统业务受到巨大冲击后，也积极向移动互联网的新市场进行拓展。

移动电子商务存在时空存在性、便利性、本地性和人性化等优势，企业开始为消费者生活的方方面面提供移动服务和支持。事实上，移动购物并不仅只是将商品买卖过程转移到移动端，它也是一种全新的分销渠道，极大改变了现有电子商务和网络经济的发展格局，推动传统的线上线下双渠道模式出现变化，移动渠道和个人电脑终端渠道共同组成了线上渠道，致使双渠道模式发生变异。同时，移动购物对电子商务生态链条各个主体也产生了深刻的影响，特别对于消费者行为和生产者行为，将从多个维度形成差异。移动购物也加剧了对个人隐私及购物安全的重视程度，呈现出显著不同于电脑端电子商务的特征。

从国内外移动互联网发展历程来看，在初级阶段，电信运营商成为产业价值链的主导者和构建者，在技术创新与应用、产品定价、利益分配、内容整合、市场准入方面具有较大话语权。在这阶段的产业形态中，内容提供商、服务提供商等其他产业链参与者只是作为产业的依附者，依据电信运营商的标准和需要进行定制化生产。这种产业形态是美国、欧洲、中国的移动互联网产业初期发展的主要形态。“内容为王”的模式也是在这一产业形态背景下提出的。日本著名的 I－mode 是这一阶段商业模式的典型代表。

产业阶段的发展与电信行业进入 ICT（信息与通信技术）时代是紧密相关的，信息服务成为产业的主要产品形态。当宽带移动互联网逐步替代传统

窄带移动互联网后，移动互联网进入快速发展阶段，产业更加开放，电信运营商的地位受到威胁，其主导权被逐步削弱，服务提供商与终端厂商的产业地位提升，其对价值链的作用和贡献开始增大。用户需求及对用户需求的响应成为技术和产品发展的主线，产品呈现平台化和多样化，各运营主体围绕客户需求纷纷提供自身的平台，以聚合各种资源。产业形态围绕客户需求更加开放，资源和能力的互补性作用更加突出，这一阶段也随着网络、技术的发展逐步演变。

从国内的移动互联网用户的使用数据来看，中国移动互联网的用户明显年轻人占比较高：移动互联网用户主要以青少年为主，用户的组成成分大多为在校学生、外出务工者以及都市白领人群。用户的群体特征使得他们没有时间和设备来进行网上操作，所以这些群体是主要通过移动设备接入移动互联网的，这些移动互联网用户还具有上网时间不固定、较依赖互联网、用户的社区群体划分等特性。

第三节　智能技术催生业务新模式

一、移动智能终端，持续升级更加多元化

移动智能终端将持续升级，技术更新换代加速，终端市场竞争更加激烈。SoC 芯片模式和 Turnkey（交钥匙）模式的应用使得移动智能终端的升级速度大大提高。最快平均每 6 个月就有新一代产品推出。随着用户需求的快速变化，对高清视频和 3D（三维）游戏的要求，未来硬件终端将以更快的速度升级换代。未来用户将需要有更好的处理能力、交互能力和显示能力的移动智能终端。移动智能终端将以大屏、高清和多核为重点发展趋势。

移动智能终端形态将更加多样化和个性化。由于智能设备的生命周期限制，各厂商为了保持和扩大自己的市场竞争力，针对不同的应用场景和需求不断分化智能手机和平板电脑。除传统智能手机和平板电脑等，未来更有可移动大屏娱乐终端（家庭移动屏等）和车载导航仪等。同时，其他新兴智能终端形式也将成为下一轮竞争的焦点，比较典型的有谷歌眼镜、苹果手表等

更加生活化的产品。

其中，谷歌率先推出谷歌眼镜，其具有智能操作系统，能够自主语音控制，具有一般手持智能终端的功能。其最大的优点在于：大多数功能可以随时自动完成，不需要双手，包括导航、搜索、拍照等，非常适合用户在驾驶时使用。

二、核心移动应用平台，业务发展新模式

随着智能终端种类和行业应用的增加，未来应用商店的应用范围将持续扩大，一方面，包括平板电脑、便携多媒体终端、电子阅读器等移动终端设备的通用应用下载平台；另一方面，应用商店将反向扩展至传统桌面电脑、上网本等终端设备，并提供数字内容及应用购买。随着智能手机操作系统越来越多地延伸到企业级应用和工业应用中，交通运输、医疗保健、家居、公共设施管理，都将进入智能化发展，越来越多的应用程序商店转移到移动应用服务平台中，成为数字化内容主要销售渠道的产品和应用。

移动互联网将成为一个开放的平台，未来不再局限于某一个环节和节点，产业链上的广泛合作是未来的新趋势。苹果的 iPhone + App Store 已经充分证明了这点。通过打造平台形成生态链，带来更为可观的收益。

腾讯的微信就是典型案例，微信正在从纯聊天工具演变成应用平台。微信作为腾讯的一款免费通信软件，最先定位于通信工具。但基于其自身的优势，目前已经创建了公众平台、消息推送、二维码订阅和品牌传播等，未来将更多扮演平台角色。基于微信平台的应用也将陆续推出。

第四节　移动生活服务平台，未来应用的主导

平台化是中国互联网及移动互联网发展的重中之重。运营企业通过搭建平台和接口开放，使移动应用开发者和其他企业分享其用户流量，实现应用开发的创新，满足用户需求，不断提升用户体验，提高企业的控制权，实现产业生态的良性运转及互惠互利。伴随移动互联网的快速发展，国内外相关文献也对该新兴行业进行了研究。归纳起来主要为以下两个方面。

目前，从全球移动电子商务市场来看，传统电子商务提供商提供的

“品牌+运营”模式及设备提供商主导的“设备+服务”模式仍占据着主流位置，电信运营商主导的“通道+平台”模式目前仅处于起步阶段。随着未来移动电子商务市场的蓬勃发展，无论是传统电子商务提供商、设备提供商，还是电信运营商及应用提供商，由于自身力量及优势所限，谁都无力独自把持移动电子商务的大舵。因此，未来的移动电子商务发展将会呈现“合作共赢、优势互补”的格局。电信运营商提供其网络技术优势及庞大的用户群，传统电子商务提供商充分发挥其专业的运营经验及物流渠道的长处，应用提供商则发挥其善于创新不断推出创新型应用的特点，强强联合必将呈现出多样化的商业模式。但无论是哪种模式，专业化的运营团队、优质的客户体验及推陈出新的特色业务才是赢得市场、吸引用户的不二法门。

以生活服务为主的消费型应用正在成为主要应用服务，而能提供一站式服务的平台将是未来应用的主导。下图为移动生活服务平台体系，包括“消费信息—整合信息—支付信息”。

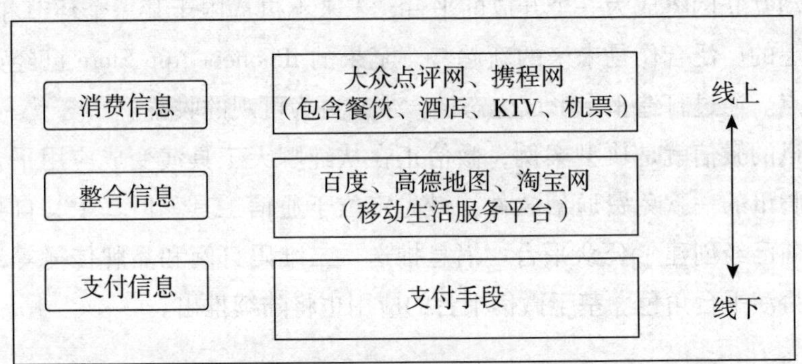

移动生活服务平台体系

现阶段，消费信息平台较为成熟。餐饮信息、点评推荐、优惠信息、订购信息等垂直信息呈现爆炸式增长，用户较容易获取。支付信息方面，由于第三方支付领域与政策、牌照等宏观环境强绑定，同时，支付市场发展也相对成熟和稳定。联结过渡的整合信息平台就显得尤为重要。手机地图平台具备整合信息的先天优势。移动生活服务平台拥有广阔的市场前景。移动生活服务平台打造消费服务产业链——“移动位置搜索”“社交信息支撑”“传统商业消费”，实现了三大领域的融合。

百度定位“智能生活服务平台”不到一年时间里，活跃用户数已经过亿，每天有超过20亿次的精确位置查询记录。其查询内容也从传统的路面导航和车次查询向更加生活化的餐饮和娱乐设施转移。这也充分说明，百度重视智能生活化平台。互联网巨头入股高德地图，积极布局移动生活平台；基于位置信息的一体化生活服务平台被赋予巨大商机。电商巨头阿里巴巴投资以地图信息为主的高德地图，以便未来能够抢占更多的商业机会。

第五节　移动支付市场前景广阔

2013年以来中国移动购物市场规模快速发展，从2681.7亿元增长至2017年的46416.4亿元，五年间增长了43734.7亿元，年均复合增长率为104%，电子商务行业的逐步完善及消费者消费习惯的逐渐养成推动了中国电子商务的发展，2018年中国移动购物市场规模达57427.4亿元。

此外，陆续出台的支付标准等相关政策逐渐规范了行业准则，将为产业发展营造起良性的竞合环境；移动支付手段也会更加便捷和多元化。未来O2O电子商务支付、近场支付等新型支付方式将更加流行。传统的远程支付按支付账户的性质，可以分为银行卡支付、第三方账户支付、通信代收费账户支付。

银行卡支付就是直接采用银行的借记卡或贷记卡账户进行支付的形式。第三方账户支付是通过第三方支付平台为客户提供支付通道，实现资金转移和支付结算功能的一种支付服务。如支付宝、财付通等。通信代收费账户支付是移动运营商为其用户提供的一种小额支付账户，一般用户购买电子书、软件、游戏等虚拟产品时，通过手机短信等方式进行后台认证后支付。

移动互联网远程支付是类似于桌面互联网的网购支付模式，由互联网支付巨头主导；其支付技术和手段比较成熟，目前随着市场容量饱和，未来增长速度有限，典型例子如第三方账户支付。

为了更好地连接线上线下接口，互联网支付巨头纷纷针对O2O电子商务支付领域推出一些创新支付形态，如二维码；目前已经形成成熟的产品模式，交易规模发展迅速，未来发展空间巨大。近场支付用于实际生活中较小数额的支付，具有极大的便捷性。用户只要在商店或出租车的刷卡机上刷手机，就可以完成消费支付。未来的 NFC 极具发展前景，产业链上各参与者达成初步意向，但 NFC 线下终端尚未普及；随着近场行业标准的制定，加上受理环境、应用场景、应用内容等基础条件的逐步成熟，未来的市场将会高速增长。

第九章　案例研究

——基于移动互联网大数据分析的平安保险公司整合营销策略

第一节　平安保险公司概况

1988 年第一家股份制保险企业，中国平安保险（集团）股份有限公司（简称平安保险）在深圳成立，至今已经成为集金融保险、银行、投资等金融业务为一体的紧密多元化综合金融服务集团，2018 年 9 月，平安保险公司在中国企业五百强中排名第六，在同年的《财富》世界五百强排行中平安保险公司挤进了前 30 强，拿到了第 29 名的好成绩。平安保险公司营销过程、近十年营业收入、近十年净利润分别如图 9－1、图 9－2 和图 9－3 所示。

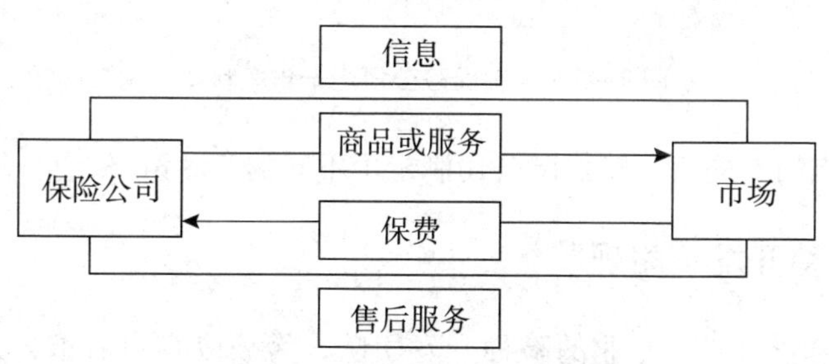

图 9－1　平安保险公司营销过程

第二节　平安保险公司传统营销策略

平安保险公司产品种类和数量较多，涵盖的范围也比较广，人身保险和财产保险都有涉及，发展比较好的有人寿险、意外险、健康险、财产险等。

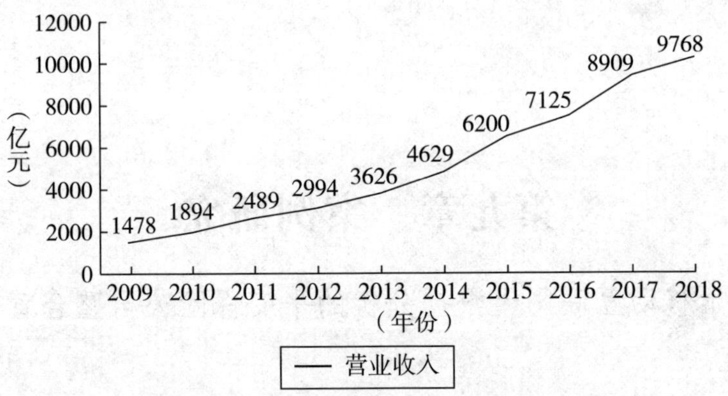

图 9－2 平安保险公司近十年营业收入

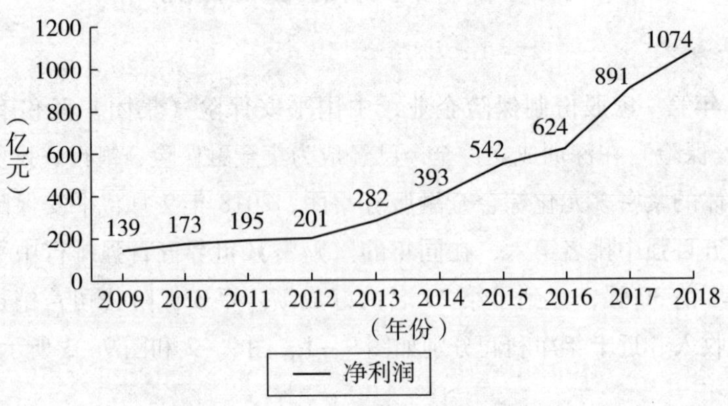

图 9－3 平安保险公司近十年净利润

根据险种特点的不同，平安保险公司制定了不同的产品策略。

一、险种开发策略现状

平安保险公司拥有专业的险种开发团队，为顺应客户需求，开发团队逐步开发出新险种、改进已有险种，不断给保险客户带来不同的利益和满足。可以看到平安保险公司的财产险中有一些新颖的险种，平安保险公司开发团队通过市场调研，发现新的市场需求和产品空缺，针对不同的客户群体设计适合他们的不同险种，如平安燃气宝险、安骑天下险、宠物责任险、家政人员综合险等。

安骑天下险就是专门为非机动车驾驶人设计的，保障客户在驾驶非机动车过程中的人身安全及对第三者应负的责任。针对这类客户群体，平安保险公司考虑他们可能没有很多资金用于保险投资，所以保费比较便宜，分为每年50元、120元和200元三档，最低算下来每天只要一毛三，保额最高就可以达10万元。如此全的保障，可见性价比很高。这款产品切实满足了经常驾驶非机动车的这部分投保人的基本需求，足够吸引他们进行投保。

宠物责任险则是专门为爱宠人士准备的，平安保险通过市场调研发现了宠物已经成为爱宠人士生活中的一部分，他们把自己的宠物当作家人一样看待。但是近几年来，全国各地经常出现爱宠致人受伤甚至死亡的案件，当遇到这种情况，面临巨额的赔偿时，爱宠人士经常不知所措。基于这种情况，平安保险公司设计了这款宠物责任险，在遇到宠物伤人的情况下切实保障了爱宠人士的利益，为他们承担了一部分赔偿金。

家政人员综合险也是平安保险公司设计的一款非常实用的保险，随着保姆家政行业的兴起，许多问题接踵而来，雇主与保姆的利益得不到保障。近年来有很多保姆不慎打碎雇主家中物品、不小心将热牛奶洒在雇主家婴儿脸上，雇主和保姆因为赔偿问题不能达成一致而闹上法庭，可见为家政人员设计一款保险还是很有必要的。因为家政人员比较特殊，有一些与雇主根本未签订任何的劳动合同，雇主承担此类经济风险的可能性较大，目前国家也没有出台相关法律来解决此类问题。平安保险公司看到了这一社会现象，设计出了这份保险，让家政人员和雇主的利益都得到了保障。

险种组合策略给投保人带来了便利，有些投保人不了解保险知识，对于他们来讲不知道自己应该选择哪种保险，保险组合的出现为这部分消费者提供了帮助。

以平安人寿险为例，有一款产品叫平安常青树，是由平安鑫盛终身寿险（分红型，2017）、平安附加鑫盛（2018）提前给付重大疾病保险、平安附加意外伤害保险（2013）、平安附加意外伤害医疗保险（B）这几种产品组成的，它给予投保人最基本的保障。当消费者在多种产品的迷茫中看到这款产品时，肯定眼前一亮，再通过深入了解发现这种组合保险不仅价格便宜，而且保障全面，肯定就会投保。平安保险公司通过险种组合的手段来满足消费者日益增加的保险需求，不仅使组合中不景气的产品得到了再一次的机会，而且节省了资源，相当于从前推销出一份保险的时间现在可以推销出两三份甚至更多。

二、价格策略现状

不同的险种定价的方式不同。健康险就会根据投保人年龄的不同收取不同价格的保费，也会事先根据投保人自身的身体状况决定是否满足投保标准。根据投保年数的不同，也会相应给予一些优惠。

平安保险公司的健康险中，有一款叫 e 生保（保证续保版），这款保险从出生满 28 天的婴儿到 50 岁以下的成人都可以投保。但这款产品根据投保人年龄的不同，保费金额相差甚多，20 岁左右的成人一年的保费是 296 元，40 岁的就是 676 元，同时是否有医保也决定了保费的金额，20 岁有医保的保费就是 296 元，没有的话就是 567 元。

平安保险公司这么定价是有依据的，现在的营销活动都要以消费者需求为中心，这样就出现了顾客导向定价法这个概念，这其中又包括了需求差异定价法，这种方法首先强调消费者需求的不同特性，每个消费者都有个性化的需求，所以同样的产品价格也会不同。平安保险公司利用这一方法进行定价，可以满足不同投保人的需求，同时可以保证产品的成本。

三、渠道策略现状

目前已知的平安保险公司销售渠道有三种，一是线下渠道，主要包括网店门店、代理人和客户经理、电话中心；二是线上渠道，主要包括公司官网和 App；三是线上线下相结合的 O2O 模式。

依托于保险、银行和投资的传统金融产业，平安保险公司有着众多的门店、电话服务人员，以及庞大的代理人和客户经理队伍，这些都是线下渠道的组成部分，也是目前平安保险公司主要的销售渠道。消费者通过直接去保险公司或者打电话联系保险销售人员的方式购买保险，这种方式更受到年长的人青睐，他们认为当面交易更安全，遇到问题可以随时找人解决。

除了线下面对面的销售外，线上销售已经成为销售渠道中重要的一部分，官网和官方的 App 平安金管家内有很多保险产品的详情，可以绑定保险经理后直接在网上购买产品。由于网络的方便快捷和人们购买保险意识的日益加强，网络营销市场环境逐渐成熟，可见以后的保险营销方式将以网络营销为主。但是利用网络进行保险营销还存在网络安全的问题，这还需要平安保险公司继续加强监管，让客户用得放心。

平安保险公司近年推出了 O2O 渠道，结合了线上发达的科技与线下的优势资源发展出了这个移动展业平台。以平安健康险为例，平安保险公司计划建立一个可以随时联系医生的线上平台，并在多个城市投资设立的线下医疗中心搭建一个在线问诊、线下初诊、在线复诊、在线药品购买配送、客户健康管理信息综合管理的医疗服务闭环。以人寿险为例，平安保险公司在寿险的销售中已经逐渐开始使用这种方式，线上主要进行销售和开展远程在线自助理赔服务，线下则提供产品设计和客户服务等后台管理。

四、促销策略现状

促销策略有最基本的五种方式：人员销售、广告促销、销售促进、公共宣传和直复营销。以上这五种方式在平安保险公司的营销策略中都有所涉及。

1. 人员销售

推销在平安保险公司应用比较广泛，通过面对面的沟通，保险营销员可以更准确地了解客户需求，这样才能更好地给消费者推荐适合的产品。但通过了解发现平安保险公司的营销人员数量逐年增多，但并不是非常专业，入门门槛比较低，主要是通过社会招聘人才，对保险行业的了解可能仅限于公司入职前的培训，再通过跟着师傅跑客户来慢慢了解保险知识，这样的员工素质可能会影响平安保险公司的整体形象。

2. 广告促销

平安保险公司通过发布广告介绍新险种和营销策略，促使消费者购买保险。日常生活中经常能看到平安保险公司的广告，基本做到了平安保险公司人人皆知。在百度等搜索引擎上搜索保险，平安保险公司的广告马上就会显示在搜索结果的前几条。随着近年来信息化程度越来越高，广告媒介种类逐渐增加，通过发布广告确实给平安保险公司带来了很多消费者。

3. 销售促进

平安保险公司销售促进的对象主要是消费者和销售人员，为了短时间内达到更高的销售额，公司采用了这种方法。对于消费者来说，限时优惠、现金折扣都是很有吸引力的，消费者会因为这样的促销活动选择购买保险；对于销售人员来说，平安保险公司给每个保险推销员都制定了每个月的销售目标，会根据每个员工的不同的销售业绩给予一定的奖励，销售的保险金额越多，绩效奖金就越多，这样的方式促使销售人员对待工作更加积极。

4. 公共宣传

近年来平安保险公司一直依靠正面报道来树立企业形象，运用到的公关工具有新闻报道、公益活动等。例如，公司高层经常参加一些公益活动，平安保险公司的公关团队与记者媒体沟通后，这些媒体会在报纸新闻上发布这些正面消息，树立企业形象。平安保险公司每年会发布企业社会责任报告，2018 年平安保险公司结合国内外可持续发展趋势，对精准扶贫、拥抱科技变革、应对气候变化风险等问题进行了重点研究，坚持履行对各个利益相关方的责任，实现了企业可持续发展的目的。企业社会责任的完成度也会影响企业形象，平安保险公司通过发布这些有利宣传，提高了企业名誉度。

5. 直复营销

通过电话回访的方式一对一地向客户询问，以寻求对方直接回应，通过这个过程，平安保险公司营销员满足了客户对个性化服务的要求。每个保险营销员都有客户的个人基本信息和购买产品偏好，他们经常与客户打电话进行回访，在这个过程中可以得到客户对于产品的反馈，并且第一时间知道客户近期的需求，让客户满意服务的同时也增加了销售额。

第三节　平安保险公司营销策略中的问题

一、产品策略中存在的问题

1. 保险产品数量繁多，条款复杂

平安保险公司在售的保险主要以健康险、意外险、寿险、财产险、旅游险和车险为主，产品数量繁多，细分下来近百种。平安保险官网产品数量如下页表所示，这仅仅是 PC 端的产品数量，平安金管家 App 上售卖的健康险有 21 种，意外险有 16 种，人寿险有 18 种，再加上线下的保险产品，可见平安保险公司的产品数量很多。其中一些保险产品根据保费的不同又细分成几种，这就增加了介绍和推销产品的难度。根据平安保险公司产品的不同特性，保险开发人员设置了不同的合同条款，这些加在一起的数量甚至达近千条。由于经常更新繁多的产品数量及合同条款，因此对保险营销人员的记忆要求是很高的，几乎没有人能将全部的产品和条款完全讲出来，即便只负责车险或者人寿险这一部分，也很难有人将所有的内容熟记于心，都需要保险营销人员反复去背诵记忆。这样很容易造成保险营销人员经常根据自己的喜好来销售产品的现象。

2. 新产品难取代老产品的地位

平安保险公司不定期推出新产品，同时进行重点推广，逐一列举产品的优势。投保人看到新产品介绍时想到是新推出的产品，自己对产品还没有足够的了解，就犹豫是购买此产品还是继续购买消费过的类似保险产品。部分投保人会直接从搜索引擎上搜索这款新产品的信息，寻求专业人士的解答。从网上搜索平安保险产品，映入眼帘的是平安保险公司的广告，再往下翻就能看到有人提问“平安福 2018 与之前类似产品的区别”“新推出的平安金瑞人生年金保险是不是很坑，与公司之前的年金保险相比哪个好”等，这充分说明了投保人对平安保险公司新产品持怀疑态度，更认可之前买过的老产品。

平安保险官网产品数量

险　种	细分险种	险种数量	险种总数量
健康险	少儿健康险	3	19
	成人健康险	13	
	老人健康险	2	
	女性健康险	1	
意外险	交通意外险	6	11
	人身意外险	5	
人寿险	返还型人寿险	3	4
	分红型人寿险	0	
	年金型人寿险	1	
旅游险	境内旅行险	4	12
	境外旅行险	8	
财产险	家庭财产险	2	3
	个人财产险	1	
车险	车险	1	1

二、价格策略中的问题

1. 保险价格缺乏竞争力

产品价格缺乏竞争力是国内保险公司普遍存在的问题，平安保险自然也不例外。2017 年年底中国保险市场费率市场化改革后，保险产品的价格由各保险公司进行制定。各大保险公司随后也推出 1～2 款费率改革后的产品作为试水产品，但由于我国保险市场发展时间较短，费率改革后的定价需要的精算评估、投资匹配、偿付能力等基础数据缺失，各保险公司都默认采用和从前一样的预定利率，也就是保险产品的销售价格基本是同质化的。以寿险业为例，作为一个负债经营的产业，寿险目前正在面临资金短缺的困境，各大保险公司都在力争建立长期投资模式，提高经营水平和投资盈利的能力来解决这一问题。另外，外资保险公司运营时间长，经验相对丰富，费改开放后，其产品的定价往往比国内保险公司产品更有竞争力。

2. 寿险产品定价方式陈旧，参考数据量少

以人寿险为例，平安保险公司以已有的“精算模型”为基础，综合资产的划分、行业平均价格水准等条件进行精算定价，但只能在经过多年编制的人口生命表、银行利率等因素基础上，事先约定好一个给付的价格。传统的寿险定价方式所应用的数据量在公司数据库中占比小，虽然拥有大量的专业精算师，一直在对保费费率进行精确计算，但数据量太少，不足以制定出合理的价格，这样容易导致目标客户群体小和比较优势小的问题。

三、渠道策略中的问题

1. 现有渠道建设不完善

三十多年来，平安保险公司在营销渠道的选择上也积累了一定的经验，下一步要做的就是结合各个渠道的优劣势及自身的特点做一些调整和整合的工作。

对于线下渠道，由于寿险产品有无形化、购买需求比较潜在、售后服务时间长等特点，因此传统寿险业面对面销售和服务的方式还会长期存在；对于线上渠道，App 营销将成为移动营销的主要方式，平安保险公司要重点研究，以后的保险销售很大一部分都会通过 App 销售。

平安保险公司要尽量发展 O2O 渠道，不仅要搭建线上获客的服务平台，

还要努力建设线下适应大数据时代的高素质服务队伍，发挥线上线下的融合效应，完成保险生态圈的建设。

2. 保险分销渠道发展缓慢

保险间接渠道分为保险代理渠道和保险经纪渠道两种，最大的区别在于保险代理服务的对象是公司，而保险经纪是受投保人委托的。国外保险营销经常采用间接渠道，但在我国这还属于新兴行业，存在很多问题。平安保险公司目前只存在个人保险代理这一间接渠道，平安保险公司代理人通过销售公司的产品和服务来获取代理费。目前我国保险间接渠道发展状况良好，势头强劲，建议平安保险公司尝试与专业保险代理公司和经纪公司合作，拓宽代理渠道，实现平安保险公司和代理公司的共同发展。

四、促销策略中的问题

1. 保险促销方式混乱

平安保险公司很看重保险营销人员的业绩，经常对营销人员采取销售促进的方法来激励他们的工作，然而这就造成了保险营销人员在市场开发、销售产品的时候经常存在违规行为。平安保险公司的促销支持主要体现绩效奖金和礼品奖励，有些销售人员为了达成业绩不择手段，向客户介绍产品时夸大保险产品的优势或私自购买礼品送给客户，这样有损平安保险公司的形象。

2. 销售人员入门门槛低，不够专业

平安保险公司一般通过在各大招聘网站和 App 上发布招聘信息来招聘员工，在常用的 58 同城、Boss 直聘、中华英才网等推荐岗位上总会出现平安保险公司的招聘信息，工作地点遍布全国，供求职者可选择的职位也非常多。由于平安保险公司员工离职率很高，经常有职位空缺，平安保险公司又急需招聘新员工，所以就造成平安保险公司招聘极其不严格。以保险销售这个岗位为例，求职者在网上投递简历后很快有人力资源部门的人通知他们面试时间，面试的内容就是一些最基本的个人信息，面试官根本不清楚求职人员对保险的认知程度。随后安排求职者参加为期一周的培训，培训结束就可以签劳动合同。这样一个简单的招聘过程不能保证每一位员工的专业性，他们其中很大一部分人都不是专业对口的，而且学历都只有中专、大专，可以说平安保险公司的入门门槛很低。

第四节　应用大数据分析对平安保险公司营销策略提出的建议

保险营销实际上就是保险公司通过向市场提供商品或服务来获取市场信息，消费者通过向保险公司支付保费来获取售后服务的过程。随着近年来大数据分析与挖掘技术的深入研究，保险公司对大数据的应用也越来越丰富。保险公司依靠先进技术，在销售业务不同领域，深入挖掘和创造数据价值，促进营销业务的全面发展。大数据背景下的营销重点是分析和理解消费者背后的海量数据，挖掘用户的真正诉求，最后为他们提供有针对性的营销解决方法。平安保险公司以此为目标，充分利用大数据分析的方法来解决现阶段公司存在的营销策略问题。

一、产品策略对策建议

1. 分析保险产品现状，精简产品数量

平安保险公司目前销售的产品过于繁杂，完全可以精简现有的产品数量。利用可视化工具 MySQL（关系型数据库管理系统）和 Python（计算机程序设计语言），分析现有产品的销售额和市场竞争力等方面的大量数据，用 MySQL 进行数据清洗，用 Python 的 Matplotlib（绘图库）进行绘图。从而得出相关可视化数据，对业绩表现差、市场潜力小的产品进行删减，不仅节约企业资源，而且可以提升盈利能力。另外，可同时对现有的经典产品进行适当改造升级，既能满足客户需求，也能增强产品的市场竞争力、延长经典产品的生命周期，而且投资少，风险较低。

2. 挖掘消费者真正需求，推出个性化产品

新产品的研发永远是一个企业的核心竞争力，企业通过不断更新产品，才能满足不断变化的市场需求，同时巩固自身的市场地位。和其他行业一样，产品创新也是保险业获取大量利润的基础。

平安保险公司要想推出新产品，就要进行市场调研，了解客户的个性化需求。这就需要运用用户画像系统，用互联网数据中心捕捉客户在网络上的一举一动并进行预处理，通过这些信息，平安保险公司可以深入挖掘客户需

求，对公司设计新产品提供了很大的帮助。平安保险公司可以对客户的个人爱好和消费习惯等信息进行分类，制定每个客户专属的标签，建立属于客户个人的抽象专属模型，这样便于进行多维度的精细分析，深入了解现有及潜在客户的特征和需求。只有明确了客户的真正需求，才能设计出实用的新产品，推动平安保险公司发展。

二、价格策略对策建议

1. 利用大数据共享资源合理定价

大数据时代的数据共享可以汇集整合保险行业绝大部分公司的实时数据，并对收集到的海量数据进行提炼，形成更全面的、更细致的客户数据体系。平安保险公司可以通过访问HDFS（分布式文件系统）数据库了解其他公司产品的特性与价格，找到相似产品与本公司产品相比较的优势和劣势，并参考对方公司的定价方式，从而对公司产品进行定价，拒绝与其他保险公司产品同质化。随后通过Google Chart API（一种谷歌可视化软件）建立预测模型，汇集产品需求、价格变化、市场占有率等多方面的数据对未来产品的价格趋势进行合理预测，这为平安保险公司制定价格策略提供了支持。

平安保险公司现阶段产品数量众多，这些保险产品通常涉及多个行业，公司在开发一款新的产品时，有必要对相应的多个行业的信息进行分析后再进行定价，这就需要收集各个行业的海量数据并整理分析成有效信息，这时大数据分析的方法就起到了很大的功效，提高了工作效率。

2. 收集全部数据进行精算定价

大数据分析技术给保险行业带来的主要变化之一便是使精算定价过程中基于样本的精算转化为基于全量的计算，这样可以为保险公司抢占保险市场份额，提高保险产品的价格竞争力。

平安保险公司精算人员需要根据目前的信息预测未来，为保险产品确定合理价格，他们需要通过建立模型和基于各种对未来的假设对所开发保险产品未来期间各种可能出现的情况进行预测。精算定价三大假设包括疾病死亡或医疗费用等的发生率、投资收益率假设和费用假设。平安保险公司精算人员可以使用最基础的可视化工具Excel建立现金流测试模型，所谓现金流测试就是通过各种收入项减去各种支出项得到各年年末现金流等内部利润指标以确认该产品风险如何并且是否有利可图。

三、渠道策略对策建议

1. 大数据分析巩固渠道，保护隐私安全

平安保险公司要在完善现有渠道的基础上创新渠道，使销售渠道变得多样化，目前来讲最重要的还是要坚持推动线上线下渠道紧密结合，线上为消费者提供方便快速的保险业务咨询和下单服务，线下配备专业的保险人员为消费者排忧解难，为客户提供更好的体验。

通过线上交流，平安保险公司可以及时发现线上潜在的消费者，进而为其介绍各项保险服务，并运用 FineBI（一种大数据分析工具）或其他分析工具对他们在网上的搜索记录进行分析，得出有价值的信息。随后紧密衔接客户信息，以便线下工作人员可以根据该客户之前的行为，为其提供独特的用户体验，增加其购买产品的可能性。O2O 渠道可以借鉴这种方法，前期对线上消费者行为进行记录，后期根据客户个人信息提供面对面的服务，在为他们带来便利的基础上，获得更多的消费者。

在飞速发展的数据共享时代，网络数据传播速度快，客户信息无处不在，这样一来保护客户隐私就显得越发重要。若要更好地利用大数据给保险营销带来的优势，平安保险公司就需要做好大数据的保护工作，并且积极配合相关部门提升监管力度，保障客户信息安全。

2. 发展保险中介渠道，实现合作共赢

平安保险公司可以尝试拓宽销售渠道，与专业的保险中介公司合作，合作意味着平安保险公司不仅增加了保费收入，而且提高了公司知名度，从而提高了企业效益。平安保险公司增加新的渠道可以得到更多有价值的数据，通过 DML（一种大数据分析工具）等进行数据分析，得到有意义的信息，对企业制定新的营销策略很有帮助。

例如，安徽华鑫保险代理有限公司主要针对大系统、大行业、集团性客户提供规模性的保险代理及顾问服务，平安保险公司可以与这家公司合作，在该公司帮助销售保险产品获得收益的同时，支付比公司获得信息更少的资金拿到更多的客户资源，实现两家公司共赢。明亚保险经纪股份有限公司（简称明亚公司）是国内首家也是最大的一家专注于个人寿险业务的全国性保险经纪公司，定位于为中高端客户提供中立、专业的保险理财咨询和风险管理服务，明亚公司拥有大量高端客户资源，这正是平安保

险公司需要的。

平安保险公司与保险中介机构应加强合作，保险中介机构主要负责保险产品的推广、销售等业务，平安保险则可以把重心放到产品研发等，从而可以直接获得客户信息，促进平安保险公司间接渠道的发展，实现平安保险公司和间接渠道公司的共赢。

四、促销策略对策建议

1. 设计有针对性的广告推送

目前平安保险公司在国内的广告多以企业形象、品牌宣传为主，随着多年的发展，平安保险公司已经拥有很高的品牌知名度，可以适当地转换一部分内容为产品广告。传统保险因为条款繁多、计算复杂，所以需要代理人当面逐条细讲，但随着互联网保险的创新，平安官网和平安金管家 App 上已经有很多条款简单易懂、计算一目了然的保险，完全可以由客户自行购买。平安保险公司要做的只是通过广告、新闻等方式推广 App、互联网保险产品名称和简单介绍，就可以吸引很多消费者。

随着保险行业的发展，我们发现对产品本身进行推广要比宣传公司更为有效，这就需要平安保险公司在产品广告推送上进行改进，现在摆在平安保险公司面前的一大难题就是应该设计出什么样的广告才能更吸引客户。平安保险公司可以对腾讯云和谷歌云的云硬盘中的保险广告进行系统分析，筛选出系统中被用户点开次数较多的广告，作为设计广告的参考。平安保险公司应尽量开发出满足个性化需求的保险产品及产品组合向客户推送，建立保险生态营销体系，变精准骚扰为精准营销，让推销变得多余。

2. 提高从业门槛，关注实时绩效

平安保险公司在招聘人才时要注意提高门槛，不能只通过短暂的面试决定是否录取，还要通过 Logstash（数据收集引擎）采集应聘者的网络信息有无其他不良现象，通过这两方面的综合考虑再决定。

平安保险公司人力资源部门应设立一套更加严密的绩效管理方案，可以设计出一款记录员工日常绩效的软件，为月末和年终绩效考核提供参考依据，让绩效成绩更加客观真实。除了现有的以纸质版方式从员工德、能、勤、绩四方面，对员工履行职能、发挥作用、工作实效、行为规范等方面进行打分外，还可用这款软件记录员工每日工作量、每日打卡签到、制度考试成绩、

每月绩效考核成绩、迟到早退、病假事假、评优评先等，对员工实时绩效进行综合考察评定，这些内容都会被上传到 HDFS 数据库中，通过 Google Chart API 对这些数据进行直观展示，随时给出员工的综合绩效，并与他们的奖金挂钩。

参考文献

[1] 王红梅. 移动互联网现状与趋势浅析 [J]. 电信科学，2011，27 (S1)：74-79.

[2] 颜艳春. 热吻移动互联网 (上) [J]. 信息与电脑，2014 (Z1)：81-87.

[3] 颜艳春. 热吻移动互联网 (下) [J]. 信息与电脑，2014 (4)：96-101.

[4] 颜艳春. 热吻移动互联网 (中) [J]. 信息与电脑，2014 (3)：60-63.

[5] 李正茂. 部署云平台　助力移动互联网发展 [J]. 世界电信，2014 (9)：38-39.

[6] 廖军，郭达. 移动互联网应用趋势——基于 Web 的终端平台 [J]. 信息通信技术，2010，4 (4)：20-23.

[7] 闵栋，袁琦. 物联网与移动互联网的融合发展研究 [J]. 电信网技术，2013 (8)：45-48.

[8] 任秀颖. 移动互联网逆袭 [J]. 印刷经理人，2013 (9)：46-47.

[9] 宋俊德. 电信运营商应成为下一代互联网的主力军 [J]. 移动通信，2012，36 (5)：14-16.

[10] 王萌，李春贵，徐超，等. 主题与子事件发现的多文档自动文摘 [J]. 计算机工程与应用，2011，47 (18)：130-134.

[11] 李明亮. 基于 QFD 的 B2C 电子商务服务质量评价研究 [D]. 天津：河北工业大学，2012.

[12] 徐哲. 基于产业价值链整合探析移动互联网企业盈利模式 [J]. 纳税，2019，13 (16)：193+195.

[13] 王雪芳. 互联网技术的发展对金融领域的影响——以移动支付、区块链为例 [J]. 科技经济导刊，2019，27 (15)：207+206.

[14] 吕丽. “移动互联网+” 背景下 O2O 电子商务发展现状及趋势分析

[J]. 中国新通信，2019，21（9）：65.

［15］方雷. 移动通信技术与互联网技术的结合发展探讨［J］. 信息通信，2019（4）：239－240.

［16］唐健. 探究物联网与移动互联网的融合发展［J］. 中国新通信，2019，21（5）：86.

［17］吕斯佳，赵霞. 互联网时代移动支付的发展现状和对策分析［J］. 全国流通经济，2019（3）：15－16.

［18］张靖杰. 浅析移动互联网的发展趋势［J］. 中国新通信，2018，20（22）：73.

［19］陈鑫. 移动互联网时代5G技术应用与发展趋势研究［J］. 中国新通信，2018，20（22）：162.

［20］张忠培，魏少炜. 5G时代移动互联网发展展望［J］. 数字通信世界，2018（11）：63.

［21］黄琳. 移动互联网＋环境下网络零售和传统零售业融合发展路径探讨［J］. 中外企业家，2018（22）：61.

［22］胡亚晖，陈兴，王彦博. 移动互联网时代我国三大通信运营商的现状与发展趋势分析［J］. 中外企业家，2018（17）：237.

［23］董常亮，刘杰. 基于移动互联网时代下的零售企业创新策略研究［J］. 现代商贸工业，2018，39（2）：54－55.

［24］胡怡诺. 移动互联网时代公益组织发展的新格局［J］. 科教导刊（下旬），2017（12）：160－161.

［25］张磊. 浅谈4G时代移动互联网的发展趋势［J］. 通讯世界，2017（24）：128.

［26］王莉. 移动互联网＋环境下网络零售和传统零售业融合发展路径探讨［J］. 商业经济研究，2017（23）：34－36.

［27］赵梅. 移动互联网营销趋势探讨［J］. 声屏世界·广告人，2017（12）：101－102.

［28］唐博海. 移动互联网现状与发展趋势探究［J］. 通讯世界，2017（22）：34－35.

［29］DAVID KIRKPATRICK，马新莉. Facebook：馈赠型经济哲学的胜利［J］. 商学院，2011（12）：26－41.

［30］张棹.大数据分析在供应链管理中的应用［J］.电脑编程技巧与维护，2019（6）：111－113.

［31］冯贵兰，李正楠，周文刚.大数据分析技术在网络领域中的研究综述［J］.计算机科学，2019，46（6）：1－20.

［32］何川.大数据分析在采油工程管理中的应用研究［J］.石化技术，2019，26（5）：128＋45.

［33］巩海滨，王洪伟，华龙.大数据在我国证券行业风险监测上的运用问题研究［J］.证券法律评论，2019（0）：102－114.

［34］周才云.大数据分析法打造智慧供应链［J］.中国自动识别技术，2019（2）：56－58.

［35］杨小龙.大数据技术对供应链管理的影响分析［J］.通信与信息技术，2019（2）：45－46.

［36］KI WOO SUNG，HONG GI SHIM.基于大数据分析工具的传感器数据分析方法研究（英文）［J］.汽车文摘，2019（2）：16－23.

［37］张礼立.大数据下的商业管理本质［J］.商讯，2019（2）：124－126.

［38］杨宁，黄婷婷.基于Spark的大数据分析工具Hive的研究［J］.计算机时代，2018（11）：31－35.

［39］张艳.移动通信网络优化中大数据分析的应用研究［J］.科技创新与应用，2018（32）：164－165.

［40］虞铭明，张迺英，李月娥.医疗健康大数据分析的关键技术与决策支持［J］.中国科技论坛，2018（11）：53－62.

［41］王生国.大数据分析在通信网络监控系统中的应用［J］.现代经济信息，2018（20）：326.

［42］黄小飞，冯彬.面向智能制造的大数据分析技术研究［J］.信息通信，2018（10）：226－228.

［43］史俊晓.大数据分析在企业年报中的应用探析［J］.当代会计，2018（10）：37－38.

［44］石瑞.大数据分析时代对市场营销的影响分析［J］.市场论坛，2018（10）：54－56.

［45］张同欣，沈林维，辛德吉.“互联网＋”跨境电商检验检测平台的

开发［J］. 检验检疫学刊，2018，28（5）：20－24.

［46］陆杉，陈宇斌. 供应链中大数据分析应用研究综述［J］. 商业经济与管理，2018（9）：27－35.

［47］曾忠禄. 大数据分析：认识、方法与案例［J］. 情报学进展，2018，12（0）：1－27.

［48］龙虎. 大数据分析与计算体系架构研究［J］. 信息与电脑（理论版），2018（18）：130－131＋138.

［49］杨小龙. 大数据分析在供应链管理中的应用［J］. 通信与信息技术，2018（5）：39－40＋36.

［50］王宁. 大数据分析在移动通信网络优化中的应用研究［J］. 中国新通信，2018，20（18）：92.

［51］钟瑞，李坡. 大数据分析在宽带精准营销中的应用［J］. 现代营销（创富信息版），2018（9）：124.

［52］王平水，朱新峰. 基于大数据分析的移动社交网络用户隐私信息关联关系研究［J］. 赤峰学院学报（自然科学版），2018，34（8）：49－51.

［53］刘文斌，戴铮，廖溢宏. 大数据分析在移动通信网络优化中的应用［J］. 通信电源技术，2018，35（8）：95－96.

［54］何文韬，邵诚. 工业大数据分析技术的发展及其面临的挑战［J］. 信息与控制，2018，47（4）：398－410.

［55］梁志宇，王宏志，李建中，等. 制造业中的大数据分析技术应用研究综述［J］. 机械，2018，45（6）：1－13.

［56］姜艳，宋海宁. 大数据分析对企业决策的影响［J］. 企业改革与管理，2018（12）：56－57.

［57］张敏. 全媒体时代下通信运营商的整合营销传播研究［J］. 现代商贸工业，2018，39（18）：148－149.

［58］任南，鲁丽军，何梦娇. 大数据分析能力、协同创新能力与协同创新绩效［J］. 中国科技论坛，2018（6）：59－66.

［59］任南，鲁丽军，何梦娇. 大数据分析能力对协同效应的影响机理研究［J］. 科技管理研究，2018，38（11）：180－187.

［60］陈俊丽. 大数据分析在供应链管理中的有效应用［J］. 计算机产品与流通，2018（4）：261.

[61] JEN A. MILLER. 大数据撼动供应链系统的4 种方式 [N]. 计算机世界，2018 - 03 - 12 (16).

[62] 洪健，曾雪芳，陈金玉. 物资全供应链大数据应用方法 [J]. 物流技术，2018，37 (2)：111 - 113.

[63] 陈明. 基于大数据分析的景区消费行为影响因素研究 [D]. 南宁：广西大学，2016.

[64] 戚款. 移动互联网对营销传播模式的整合问题探讨 [J]. 新媒体研究，2016，2 (15)：79 - 80.

[65] 孙莉. 泛媒体环境下国有企业的新媒体整合传播研究 [D]. 广州：暨南大学，2016.

[66] 马兆林. 中国南方电网媒体整合传播案例研究 [D]. 广州：暨南大学，2016.

[67] 孙小丽. web3.0 时代整合营销传播的典型运作模式研究 [D]. 南昌：南昌大学，2016.

[68] 罗立明，朱黎惠. 移动互联时代 App 构建品牌营销新通道 [J]. 湖北工业职业技术学院学报，2016，29 (1)：74 - 77.

[69] 王鸿. 移动互联网络整合营销传播模式构建探讨 [J]. 商，2016 (7)：233.

[70] 钟正国，邵继红. 移动互联网环境下的整合营销传播 [J]. 新闻前哨，2016 (1)：37 - 39.

[71] 中国电信股份有限公司广东分公司. 瞄准圈群　跨界精准营销 [J]. 企业管理，2016 (1)：60 - 63.

[72] 田元元. 城市文化资源数字化平台构建及其大数据分析引擎实现 [D]. 西安：西安电子科技大学，2015.

[73] 罗坤. 微信品牌传播研究 [D]. 武汉：华中科技大学，2015.

[74] 陈森，陈超，张小勇，等. 基于大数据分析的移动互联网用户感知评估系统 [J]. 电信科学，2015，31 (4)：154 - 161.

[75] 李东敏. 基于互联网营销的 B&R 品牌推广策略研究 [D]. 上海：华东理工大学，2015.

[76] 王延. 移动互联网时代国际传播媒体的商业模式重塑 [D]. 上海：上海交通大学，2014.

[77] 星亮. 营销传播理论演进研究 [D]. 广州：暨南大学，2013.

[78] 王碧清. 全面营销传播—新媒体时代营销传播的多米诺变革 [D]. 上海：复旦大学，2008.